AF203652

Deutschbuch

Differenzierende Ausgabe

Arbeitsheft **2**

Schreiben
Texte und Medien
Grammatik
Rechtschreibung
Übungen für den Lernstandstest

Herausgegeben von
Christa Becker-Binder und Dorothea Fogt

Erarbeitet von
Dorothea Fogt (Mannheim),
Agnes Fulde (Gütersloh),
Andreas Glas (Stuttgart)
und Christian Weißenburger (Ludwigsburg)

 Deine interaktiven Gratis-Übungen findest du hier:

1. Gib den unten stehenden Zugangscode in die Box ein.
2. Hab viel Spaß mit deinen Gratis-Übungen.

Dein Zugangscode auf
go.cornelsen.de   24yo3-gs825

Inhaltsverzeichnis

Rechtschreibung

Lernstandstest

Kennzeichnungen in diesem Arbeitsheft:

1 Aufgabe

●○○ Diese Aufgaben sind eher leicht.

●●○ Diese Aufgaben sind schon etwas kniffliger.

●●● Diese Aufgaben sind etwas für Profis.

Du kannst immer mit den leichteren Aufgaben beginnen und dich bis zu den Aufgaben für Profis durcharbeiten.

Information Zusammenfassung des Grundwissens

Methode Aufzeigen einer Vorgehensweise

⌐ Tipps und Arbeitshilfen

► Der Pfeil sagt dir, auf welcher Seite du etwas nachschlagen kannst.

Mit dem beigefügten Lösungsheft kannst du deine Ergebnisse zu den Aufgaben und Tests selbst überprüfen.

Eine Klassenarbeit vor- und nachbereiten

Methode	Eine Klassenarbeit sinnvoll vorbereiten

In Klasse 5 hast du gelernt, wie du Hausaufgaben ordentlich erledigst. Auch eine Klassenarbeit kann man gezielt in Lernetappen vorbereiten:

- Verschaffe dir einen **Überblick** über den Lernstoff. Ordne diesen dazu übersichtlich in einer **Mind-Map** an.
- Erstelle einen **Lernplan.** In ihm notierst du, was du an den einzelnen Lerntagen üben willst. So kannst du in Etappen lernen.
- Fasse die wichtigsten Informationen aus deiner Mind-Map auf einem **Spickzettel** zusammen.
- Bleibe beim Schreiben der Klassenarbeit **ganz ruhig.** Lies die Aufgaben gründlich und frage bei Unklarheiten nach. Behalte dabei die Zeit im Auge.
- Eine **gründliche Nacharbeit** der Klassenarbeit hilft dir, künftig Fehler zu vermeiden.

1 Kommenden Donnerstag schreibt ihr eine Klassenarbeit zum Thema „Fantasieerzählung".
Du setzt dich am Samstag an deinen Schreibtisch und erstellst einen Lernplan, der auch Pausen berücksichtigt.
a Fülle den Plan aus. Trage dazu zunächst deine eigenen Termine für die kommende Woche ein.
b Füge nun die Lernschritte unten aus dem Wortspeicher mit festen Lernzeiten ein.

	Sonntag	Montag	Dienstag	Mittwoch
14.00 – 16.00				
16.00 – 18.00				✓ Heute ausruhen und früh ins Bett

Wortspeicher

Überblick: Buch und Heft durchsehen (30 Min.) • Test: Hauptteil und Schluss schreiben (30 Min.) • Wiederholen und Fehlerkartei (40 Min.) • Sport (30 Min.) • Informationen in Mind-Map zusammenfassen (20 Min.) • Übung zu Adjektiven und Verben (30 Min.) • Test: Einleitung schreiben (20 Min.) • Lesepause

2 In einer Mind-Map ordnest du Ideen und Informationen und verschaffst dir so einen Überblick über ein Thema.
Fasse die wichtigsten Informationen der Mind-Map zu einem Spickzettel zusammen.
So kannst du dir den Lernstoff noch besser einprägen.
a Vervollständige die Mind-Map zum Thema „Fantasieerzählung". Beschrifte die freien Zweige.
b Übertrage die wichtigsten Informationen der Mind-Map in Stichworten auf einen Spickzettel.

> Schreibe bei deiner **Mind-Map** das Wichtigste auf die dunklen Äste, untergeordnete Informationen und Beispiele auf die dünnen Zweige.

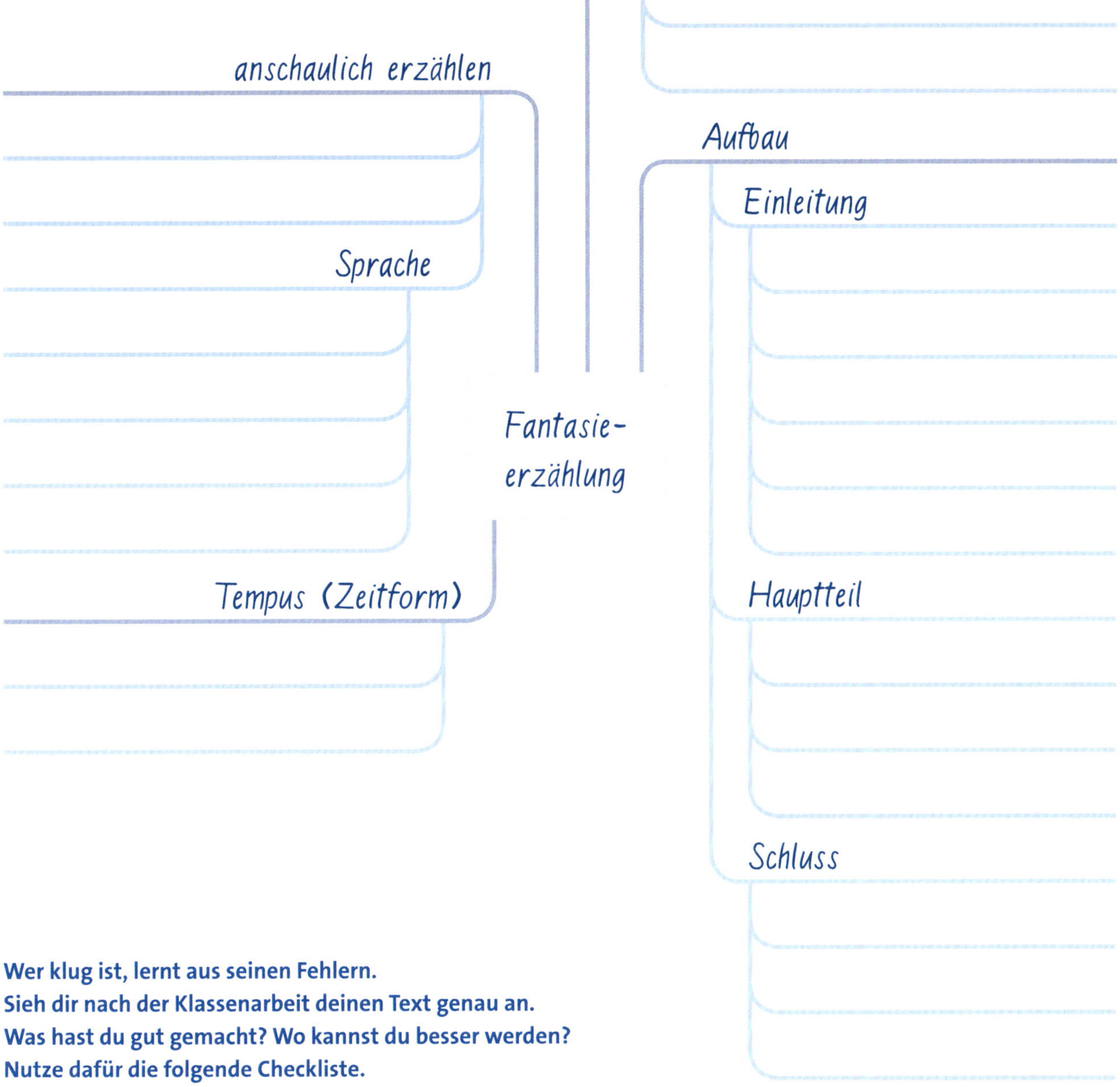

Handlung

anschaulich erzählen

Aufbau

Einleitung

Sprache

Fantasie-
erzählung

Tempus (Zeitform)

Hauptteil

Schluss

3 Wer klug ist, lernt aus seinen Fehlern.
Sieh dir nach der Klassenarbeit deinen Text genau an.
Was hast du gut gemacht? Wo kannst du besser werden?
Nutze dafür die folgende Checkliste.

Checkliste ✔

Fantasieerzählung ☺ ☹

- Habe ich meine Erzählung in Einleitung, Hauptteil und Schluss **gegliedert?**
- Führt meine **Einleitung** ins Geschehen ein und macht neugierig?
- Ist meine **Überschrift** gut gewählt und verrät nicht zu viel?
- Hat meine Erzählung im Hauptteil einen **Höhepunkt?**
- Gibt es **fantastische Elemente** in meinem Text?
- Sind meine **Satzanfänge** abwechslungsreich?
- Finden sich **treffende Verben und Adjektive** in meinem Text?

Fantasievoll erzählen

Bewegter Vorhang

Am Freitagabend gingen meine Eltern ins Kino. Da meine Schwester bei ihrer Freundin übernachtete, war ich zum ersten Mal allein zu Hause. Mir war etwas mulmig zumute. Gegen 21.00 Uhr ging ich zu
5 Bett. Aber ich konnte nicht einschlafen. Der Vollmond schien in mein Zimmer und tauchte es in ein gespenstisches Licht.
Plötzlich hörte ich ein Geräusch. Ich starrte zum Fenster. „Das war gewiss die Katze von nebenan",
10 redete ich mir beruhigend zu. „Sie ist sicherlich wieder über den Zaun gesprungen." Da hörte ich es wieder. Bewegte sich nicht auch der Vorhang ein wenig? „Wie kann sich der Vorhang bewegen, wenn die Katze draußen ist?", dachte ich noch. Auf einmal drang
15 ein Wispern und Heulen aus den Falten des Vorhangstoffs. In der dunklen Zimmerecke schienen sich die Umrisse von Sessel und Stehlampe aufeinander zu zu bewegen. Mir war, als tuschelten sie. Unter meinem Bett waren gruselige Stimmen zu vernehmen,
20 klagend riefen sie meinen Namen. Meine Hände wurden feucht und mein Herz klopfte schneller. Ganz deutlich war nun ein dunkler Schatten zu sehen. „Was soll ich bloß machen?" Fieberhaft dachte ich nach. Vor lauter Entsetzen konnte ich jedoch kei-
25 nen klaren Gedanken fassen. Ich bekam Gänsehaut

und meine Kehle war wie zugeschnürt. Es herrschte Grabesstille. Mein Herz raste. Der riesige Schatten kam näher. Verzweifelt dachte ich: „Das ist ein Einbrecher. Er weiß bestimmt, dass ich allein zu Hause bin." Ich zitterte wie Espenlaub und war schweißge- 30 badet. Schon fiel der Schatten auf meine Bettdecke. Mein Herz blieb fast stehen. „Hilfe, Hilfe!", versuchte ich zu schreien. Doch es kam kein Ton über meine Lippen.
Gleich darauf spürte ich, wie mich jemand an der 35 Schulter rüttelte. Erschrocken riss ich die Augen auf. Vor dem Bett stand meine Mutter. Ich war sehr erleichtert, als ich sie erkannte.

1 In dieser Geschichte spielt die Fantasie der Hauptfigur einen üblen Streich.
Markiere in der Erzählung, was in den Bereich der Fantasie gehört.

2 Untersuche die Erzählung genauer.
Notiere Stichworte zu den folgenden W-Fragen.

Wer? _____

Wann? _____

Wo? _____

Was? _____

Information	Der Aufbau einer Fantasieerzählung

Wie in jeder Erzählung kommt es auch bei der Fantasieerzählung auf einen sinnvollen Aufbau an.

- Die **Einleitung** führt kurz zum Geschehen hin und beantwortet die Fragen:
  - **Wer** sind die Hauptfiguren?
  - **Wann** und **wo** ereignet sich das Geschehen?

  Hinweis: Ein **Köder** macht neugierig auf den Hauptteil. Die Einleitung spielt häufig in der **Wirklichkeit.**
- Im **Hauptteil** geht die Wirklichkeit in die Fantasie über. Hier wird in mehreren **Handlungsschritten** Spannung aufgebaut **(Spannungskurve),** die in einen Höhepunkt mündet.
- Der **Schluss** rundet die Erzählung ab. Die Spannung wird aufgelöst, die Erzählung kehrt in die **Wirklichkeit zurück.**

Beim schriftlichen Erzählen verwendet man die Zeitform **Präteritum.**

3 Im Hauptteil der Fantasieerzählung wird Spannung aufgebaut, die zu einem Höhepunkt führt.

a Ordne die folgenden Handlungsschritte zur Fantasieerzählung. Unterstreiche den Höhepunkt.

N ☐ Meine Mutter weckte mich. Ö ☐ Ich vernahm ein Geräusch.

K ☐ Ich war zum ersten Mal allein zu Hause. E ☐ Gruselige Stimmen riefen meinen Namen.

D ☐ Der Vorhang bewegte sich. R ☐ Der riesige Schatten bewegte sich auf mich zu.

b Notiere das Lösungswort.

_____

4 Die Fantasieerzählung „Bewegter Vorhang" ist spannend gestaltet. Untersuche die sprachlichen Besonderheiten.

a Schreibe wichtige Gestaltungsmittel aus dem Text auf.

> **Abwechslungsreich erzählen**
> Spannender wird deine Erzählung durch **lebendige, treffende Verben** (z. B. Ich *starrte* zum Fenster – nicht: Ich *sah* zum Fenster) und **anschauliche Adjektive/Partizipien** wie *gespenstisch, verzweifelt.*

aussagekräftige Verben (im Infinitiv): *starren,* _____

_____

anschauliche Adjektive/Partizipien: *schweißgebadet,* _____

_____

b Suche Signalwörter im Text. Notiere sie.

> Manche Wörter sind Signale für Spannung, z. B.: *auf einmal, plötzlich …*

Signalwörter: *plötzlich,* _____

5 Die Gedanken und Gefühle der Hauptfigur machen die Erzählung lebendig. Unterstreiche die Ausrufe- und Fragesätze blau, die Darstellung von Gedanken und Gefühlen gelb.

Stärken stärken: Eine Fantasieerzählung schreiben

● ○ ○ **1** Plane nun eine eigene Fantasieerzählung.
   a Wähle ein Thema, z. B.: „Das fliegende Bett", „Der fliegende Regenschirm" oder „Der fliegende Teppich".
   b Sammle Ideen und Situationen, die sich für eine Fantasiegeschichte eignen. Schreibe Stichworte in dein Heft.

● ○ ○ **2** In der Mind-Map kannst du deine Ideen geordnet festhalten. Die W-Fragen helfen dir dabei.
   Zum Thema „Das fliegende Bett" sind schon einige Ideen als Anregung notiert.

Wo fand das Geschehen statt?

Was passierte?

Wo fand das Geschehen statt?
im Kinderzimmer,
über der Stadt,
in den Wolken

Was passierte?
Bett begann zu fliegen,
kippte in einer Kurve

Wer war beteiligt?
ich, meine Mutter

Wann passierte es?
am helllichten Tag

Das fliegende Bett

Wie passierte es genau?
Ich verließ das Zimmer durch
das Fenster,
Blick von oben auf die Stadt.
Ich konnte das Bett steuern,
Kurvenmanöver um Kirchturm

Schluss: Wie endete
das Abenteuer?
Weg zurück in die
Wirklichkeit:
Fieber/Schlaf

Wer war beteiligt?

Der/Die/Das fliegende _____

Wann passierte es?

Wie passierte es genau?

Schluss: Wie endete das Abenteuer?
Welcher Weg führte zurück in die Wirklichkeit?

○○● **3** Worum geht es in deiner Geschichte? Formuliere eine kurze Einleitung aus deiner Mind-Map.

Hinweis: Denke auch an den Köder!

_____

_____

_____

●○○ **4** Versetze dich in deine Hauptfigur. Was dachte sie? Wie fühlte sie sich?

a Beschreibe die Gedanken und Gefühle deiner Hauptfigur.
Verwende dabei treffende Verben und anschauliche Adjektive und Partizipien.

Gedanken und Gefühle	ausdrucksstarke Verben	treffende Adjektive und Partizipien
ich fragte mich • mir ging durch den Kopf • verzweifelt überlegte ich • ich fühlte mich • ich merkte, wie ...	schießen • schlottern • rasen • strahlen • starren • sich wundern • staunen • erwidern • flüstern • zittern	erschrocken • ängstlich • mutig • seltsam • hilflos • hellwach • harmlos • gewöhnlich • gruselig • erleichtert

_____

_____

_____

b Schreibe die Gedanken der Hauptfigur in wörtlicher Rede auf.

Beachte bei der wörtlichen Rede die Zeichensetzung (▶ S. 104).

„Hilfe, ein Erdbeben!", schoss es mir durch den Kopf.

_____

_____

_____

●○○ **5** Im Hauptteil deiner Fantasieerzählung wird Spannung aufgebaut.
Überlege dir einen spannenden Aufbau für deine Fantasieerzählung. Formuliere Stichworte zu den folgenden
Fragen: _Was passierte nacheinander? Was war der Höhepunkt?_

_____

_____

_____

●○○ **6** Schreibe jetzt eine eigene Fantasieerzählung in dein Heft.

a Verwende deine Ergebnisse von Aufgabe 2 bis 5. Schreibe im Präteritum.

b Finde eine passende Überschrift. Schreibe sie über deine Geschichte.

Stärken stärken: Eine Fantasieerzählung schreiben

●●○ **1** Plane nun selbst eine Fantasieerzählung.
Sammle in Stichworten Themen und Situationen,
die sich für eine Fantasiegeschichte eignen.

> Dir könnte z. B. ein sprechendes Tier begegnen,
> der Kühlschrank zum Leben erwachen ...

Rascheln und Poltern aus der Küche,

●●○ **2** Entscheide dich für ein Thema. Erstelle einen Schreibplan mit den wichtigsten Erzählschritten.
W-Fragen können dir dabei helfen.

Einleitung:

Wer spielte eine Rolle?
Wo spielte die Erzählung?
Wann spielte sie?

Hauptteil:

Wie war der Handlungsablauf?
Was war der Höhepunkt?

Schluss:

Wie erfolgte die Rückkehr in
die Wirklichkeit?

●●○ **3** Gestalte deine Erzählung lebendig. Versetze dich in
deine Figuren und notiere ihre Gedanken und Gefühle
in einem Cluster, z. B.:

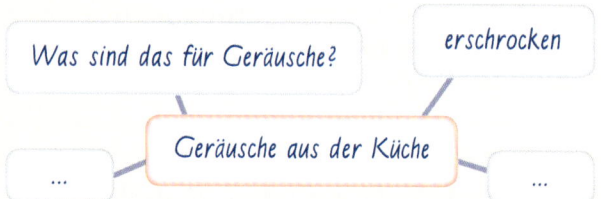

> **Gefühle und Gedanken ausdrücken**
> Gehe zusätzlich zum äußeren Geschehen auch
> darauf ein, **was die Figuren denken und fühlen.**
> Verwende wörtliche Rede und achte dabei auf
> die Zeichensetzung (▶ S. 104), z. B.: *Mein Bruder
> ging im Dunkeln dem Geräusch nach. „Gut, dass
> er so mutig ist!", dachte ich erleichtert.*

●●●● **4** Verfasse nun eine vollständige Fantasieerzählung in deinem Heft.
  a Verwende dabei treffende Verben und anschauliche Adjektive und Partizipien.
  b Finde eine passende Überschrift.

Stärken stärken: In einem persönlichen Brief fantasievoll erzählen

Information	Der persönliche Brief

In einem **Brief** möchtest du jemandem etwas mitteilen:
- Ein Brief beginnt mit dem **Briefkopf** (Ort und Datum) und der **Anrede.**
- In der **Einleitung** sprichst du den Empfänger an und nennst den Anlass des Schreibens.
- Im **Hauptteil** kannst du Fragen des Empfängers beantworten, von einem Erlebnis erzählen, etwas Interessantes berichten oder beschreiben.
- Im **Schluss** gehst du noch einmal auf den Adressaten ein, stellst Fragen an ihn und bittest um eine Antwort.
- Es folgen die **Grußformel** und die **Unterschrift.**

Reutlingen, den 7. Oktober 20XX

Lieber Philipp,

vielen Dank für deinen Brief. Lange habe ich nichts von dir gehört! Du glaubst nicht, was in den letzten Wochen alles passiert ist, davon muss ich dir unbedingt erzählen. Am letzten Fe-
5 rientag war ich mit Fabian an einem düsteren Waldweiher. In der Abenddämmerung wollten mein Bruder und ich noch Froschlaich sammeln. Gemeinsam wateten wir knietief im bracki-gen Wasser. Da rutschte ich plötzlich auf den schlickigen Steinen aus und klatschte rücklings ins flache Uferwasser. Als ich auf allen Vieren wieder auftauchte, traute ich kaum meinen Augen: Am Uferrand saß eine riesige, dicke Kröte (...)? Sie hatte braune, von Warzen
10 übersäte Haut und sah mich mit vorwurfsvollem Blick an (...)! Aber das war noch nicht al-les. „Kannst du mir erklären, was du da machst?" Ich erschrak zu Tode (...)!
Die Kröte machte einen Satz auf mich zu und fixierte mich mit scharfem Blick. „Findest du es richtig, anderen Lebewesen nur zum Spaß ihren Nachwuchs zu entführen?", zischte sie. „Weißt du, welche Strafen das Gesetz der Tiere für Kidnapping vorsieht?", fauchte
15 sie aufgebracht (...)? Da bekam ich es wirklich mit der Angst zu tun. Panisch krabbelte ich ins tiefere Wasser, nur weg von dieser Kröte. Plötzlich war da eine Untiefe, ich spürte keinen Boden mehr. Das Wasser schlug über meinem Kopf zusammen. „Ich ertrinke", schoss es mir durch den Kopf! Da packten mich zwei kräftige Hände und Fabian zog mich an die Oberfläche. „Du Tollpatsch bist ausgerutscht und hast dir den Kopf an
20 einem Stein gestoßen." Aber ich wusste es besser (...)! Ganz ehrlich: Froschlaich sammle ich nie mehr ... Kannst du dir so was Verrücktes vorstellen? Hast du schon mal Ähnliches erlebt?

Liebe Grüße,
dein Felix

●●● **1** Lies den Brief. Wie ist er aufgebaut? Benenne am Rand die einzelnen Briefbestandteile. Du kannst hierzu auch noch einmal im Merkkasten oben nachsehen.

●●● **2** Felix hat wohl Aufregendes erlebt – aber nicht alles kann sich tatsächlich so abgespielt haben. Kennzeichne mit einem farbigen Stift, was nur in den Bereich der Fantasie gehört.

●●● **3** Von seiner eigenen Geschichte war Felix so begeistert, dass er in einem fort geschrieben hat. Gliedere seinen Text, indem du Absätze durch ein Zeichen, z. B. | kennzeichnest.

4 Unterstreiche Sätze, in denen Felix auf seinen Freund eingeht. Was stellst du fest?

_____

_____

5 In dem Brief stehen an einigen Stellen Auslassungszeichen.
Ergänze an diesen Stellen in deinem Heft Sätze oder Bemerkungen, in denen Felix auf den Briefempfänger eingeht oder Fragen an ihn stellt. Ein Beispiel:

Am Uferrand saß eine riesige, dicke Kröte – kannst du dir das vorstellen?

6 Philipp ist begeistert und schreibt Felix gleich zurück, denn auch er hat zuletzt Fantastisches erlebt.
Leider klingt Philipps Brief etwas langweilig.

> ... Ich ging also übers Eis, dann brach ich ein. Das Wasser war sehr kalt, ich stand unter Schock. Dann versuchte ich, mich aus dem Wasser zu ziehen, ich kam aber nicht auf die Eisfläche zurück. Da sprach mich ein Wels an, der neben mir auftauchte. Er fragte, ob er helfen soll. Es dauerte noch einige Versuche. Dann schafften wir es gemeinsam. Ich war am Ufer und in Sicherheit. Da sah ich meinen Bruder Tobias über mir ...

a Überlege, woran es liegt, dass Philipps Text so wenig spannend ist.
b Verbessere Philipps Text:
  – Achte darauf, dass die Verben und Adjektive abwechslungsreich sind.
  – Setze Signalwörter, um die Spannung zu steigern.
  – Wähle unterschiedliche Satzanfänge.

_____

_____

_____

_____

_____

_____

_____

_____

7 Vervollständige Philipps Brief. Du kannst dabei auf deine Ergebnisse aus Aufgabe 6 zurückgreifen.
Schmücke das fantastische Ereignis weiter aus, und achte auf die einzelnen Briefbestandteile.
<u>Hinweis:</u> Denke auch an den Köder!

Teste dich!

Fantasievoll erzählen

1 Ergänze die fehlenden Angaben im folgenden Lückentext.
Die Stichwörter unter dem Text können dir helfen. (11 P.)

Eine Fantasieerzählung beginnt oft in der _____ und endet auch dort.

Dazwischen aber geschehen _____. Wie jede Erzählung besteht auch die

Fantasieerzählung aus drei Teilen: Die _____ führt zum Thema hin und

beantwortet die _____: „Wer?" „Wann?" und _____. Um Neugier zu wecken,

sollte man schon in der Einleitung einen _____ auslegen.

Im Hauptteil geht die Wirklichkeit dann in die _____ über. Die Handlungs-

schritte steigern sich zu einer _____, die am Schluss wieder sinkt.

Die Erzählung kehrt in die Wirklichkeit zurück.

Fantasieerzählungen werden spannender, wenn _____, _____

_____ und _____ darin vorkommen.

> Wortspeicher
>
> W-Fragen • Einleitung • treffende Verben • Köder • Fantasie • Wirklichkeit • „Wo?" •
> Spannungskurve • anschauliche Adjektive • ungewöhnliche Dinge • Signalwörter

2 Nummeriere die Erzählschritte einer Fantasieerzählung über ein fliegendes Bett so, dass der geplante Aufbau deutlich wird. Zwei Erzählschritte sind bereits gekennzeichnet. Unterstreiche den Höhepunkt.
Notiere das Lösungswort. (6 P.)

A	*5*	Die Stadt lag tief unter mir.	E		Ich wachte auf und saß verkehrt herum im Bett.
H		Mein Bett schwebte zum Fenster.	C	*2*	Der Boden im Kinderzimmer begann zu beben.
N		Ich konnte das Bett lenken.	K		Das Bett kippte nach einem Kurvenmanöver.
R		Das Bett schwankte in der Luft hin und her.	S		Ich lag in meinem Bett und konnte nicht schlafen.

Vergleiche deine Ergebnisse mit dem Lösungsheft. Für jede richtige Antwort erhältst du einen Punkt.

☺ **17–15 Punkte**	☹ **14–8 Punkte**	☹ **7–0 Punkte**
Gut gemacht!	Gar nicht schlecht, aber lies dir die Merkkästen auf den Seiten 6 und 7 noch einmal genau durch.	Arbeite die Seiten dieses Kapitels noch einmal sorgfältig durch.

Eine Fabel schreiben

Information	Die Fabel

Die Fabel ist ein **kurzer, lehrhafter Text,** in dem oft Tiere – meistens sind es zwei – handeln und sprechen. D**ie Tiere** haben
- typische menschliche Eigenschaften,
- sind häufig ungleiche Gegner (z. B. Löwe gegen Maus) und
- führen ein **Streitgespräch.**

Am Ende siegt entweder der Listigere oder der Stärkere oder aber das schwächere Tier setzt sich durch.
Oft lässt sich **eine Lehre für das eigene Verhalten** aus der Fabel ableiten, die am Schluss in einem Satz zusammengefasst wird, z. B.: *Wer andern eine Grube gräbt, fällt selbst hinein.*

Äsop

Der Fuchs und der Storch

Ein Fuchs hatte einen Storch zu Gaste gebeten und setzte die leckersten Speisen vor, aber nur auf ganz flachen Schüsseln, aus denen der Storch mit seinem langen Schnabel nichts fressen konnte. Gierig fraß der Fuchs alles allein, obgleich er den Storch unaufhörlich bat, es sich doch schmecken zu lassen.
5 Der Storch fand sich betrogen, blieb aber heiter, lobte außerordentlich die Bewirtung und bat seinen Freund auf den andern Tag zu Gaste. Der Fuchs mochte wohl ahnen, dass der Storch sich rächen wollte, und wies die Einladung ab. Der Storch ließ aber nicht nach, ihn zu bitten, und der Fuchs willigte endlich ein.
10 Als er nun anderen Tages zum Storche kam, fand er alle möglichen Leckerbissen aufgetischt, aber nur in langhalsigen Geschirren. „Folge meinem Beispiele", rief ihm der Storch zu, „tue, als wenn du zu Hause wärest." Und er schlürfte mit seinem Schnabel ebenfalls alles allein, während der Fuchs zu seinem größten Ärger nur das Äußere der Geschirre belecken konnte und
15 nur das Riechen hatte. Hungrig stand er vom Tische auf und gestand zu, dass ihn der Storch für seinen Mutwillen hinlänglich gestraft habe.

1 Lies die Fabel „Der Fuchs und der Storch". Markiere unverständliche Wörter und kläre ihre Bedeutung.

2 Die Fabel hat zwei Hauptfiguren: Fuchs und Storch. Sammle Adjektive, die die beiden Tiere und ihr Verhalten treffend beschreiben, z. B.: *listig, gierig, schlau ...*

_____

_____

_____

_____

_____

_____

Information **Der Aufbau einer Fabel**

Die meisten Fabeln haben folgenden Aufbau:
- **Ausgangssituation:** Die Tiere werden vorgestellt und ein Ereignis oder Konflikt wird beschrieben.
- **Konflikt:** Es findet ein Streitgespräch statt, häufig in Form eines Dialogs.
- **Lösung/überraschende Wende:** Es kommt zu einer überraschenden Wende, indem z. B. ein Tier hereingelegt wird oder das schwächere Tier überraschend gewinnt.

3 Untersuche den Aufbau der Fabel „Der Fuchs und der Storch" auf Seite 14.
Schreibe dazu in das Schaubild, was jeweils passiert. Ergänze auch die entsprechenden Zeilenangaben.

Ausgangssituation:

(Z.1): Ein Storch wird vom Fuchs zum Essen eingeladen.

Konflikt:

Überraschende Wende:

4 Fabeln haben oft eine Lehre.
Beim Abdruck der Fabel auf Seite 14 wurde diese weggelassen.
- **a** Lies den Text nochmals genau. Formuliere eine Lehre und schreibe sie unten auf.
- **b** Vergleiche deine Lehre mit Äsops Lehre im Lösungsheft.

> Die Handlung einer Fabel ist oft sehr knapp dargestellt. Um die Moral/Lehre einer Fabel zu erkennen, musst du die Handlung verstanden haben.

Lehre/Moral:

Stärken stärken: Eine Fabel schreiben

●○○ 1 Schreibe eine <u>Parallelfabel</u> zu „Der Fuchs und der Storch".

   a Schreibe Stichworte zum Aufbau in die folgenden Felder:

      – Wähle zwei Tiere, die sich als Gegner eignen. Weise ihnen Eigenschaften zu.

      – Überlege dir einen Konflikt. Verwende für den Dialog wörtliche Rede.

      – Formuliere stichwortartig die überraschende Wende.

   b Schreibe die vollständige Fabel in dein Heft.

> Achte bei der wörtlichen Rede auf die richtige Verwendung der Satzzeichen
> und wechsle bei den Verben in den Redebegleitsätzen ab:
>
> - „Nein!", **antwortete** die Ameise.
> - Die Ameise **erwiderte:** „Nein!"
> - „Nein", **sprach** die Ameise, „das verrate ich dir nicht!"

Wortspeicher

Fliege • Maus • Rabe • Wolf • Schaf •
Esel • Ameise • Eule • Schildkröte

Ausgangssituation: Tier 1 und Tier 2 mit ihren Eigenschaften

_____ : _____

_____ : _____

Wortspeicher

Streit ums Fressen • Lebensgefahr •
Überwindung eines Hindernisses •
Bitte um Unterstützung • Gier

Konflikt:

_____

_____

Überraschende Wende:

_____

_____

●●○ 2 Schreibe eine <u>eigene Fabel</u>.

   a Greife auf die Wortspeicher oben zurück. Notiere Stichworte in den vorgesehenen Feldern oben.

   b Schreibe die vollständige Fabel in dein Heft.

●●● 3 Schreibe eine <u>eigene Fabel</u>. Greife dabei auf den Wortspeicher unten zurück. Notiere Stichworte in den dafür
vorgesehenen Feldern. Formuliere auch eine Lehre für deine Fabel. Schreibe die vollständige Fabel in dein Heft.

Wortspeicher

Frosch • Löwe • Nashorn • Papagei • Fleiß • Neid • Planung einer List • Eitelkeit

Lehre/Moral: _____

Teste dich!

Fabeln

1 Bringe die einzelnen Abschnitte der Fabel „Der Frosch und der Ochse" in die richtige Reihenfolge. Vergleiche dein Ergebnis mit dem Lösungsheft. Jede richtige Anordnung ergibt einen Punkt. (4 P.)

Äsop

Der Frosch und der Ochse

„Warum bin ich nicht so groß wie er?", fragte sich der Frosch und es kränkte ihn, dass er kleiner war. „Aber ich kann mich aufblasen", sagte er, „und dann werde ich gewiss so groß sein wie er."

Ein Frosch hockte mitten in einer Schar kleiner Frösche im Sumpf und sah zu, wie sie im moorigen Wasser umherplanschten und spielten. Da entdeckte er am Rande des Sumpfes einen Ochsen, der gemächlich die saftigen Sumpfpflanzen abfraß. Der Ochse war groß und fett und stark.

Nun dachte der Frosch, dass nicht mehr viel fehlen könne, und blähte sich mit letzter Kraft noch mehr auf und noch mehr auf – und da zerplatzte er!

Er blies sich auf, so gut er konnte, und rief den kleinen Fröschen zu: „Bin ich nun so groß wie der Ochse?" „Nein", quakten die kleinen Frösche. Der Frosch blies sich noch stärker auf und fragte wieder: „Bin ich jetzt so groß?" „Noch immer nicht", antworteten die kleinen Frösche.

2 Die folgende Checkliste benennt die wichtigsten Merkmale von Fabeln. Prüfe deine Fabel von Seite 16 anhand dieser Checkliste. (5 P.)

Checkliste

☺ ☹

Fit in Fabeln?

- Haben die **Tiere menschliche Eigenschaften,** die zu ihnen passen?
- Werden die Tiere in der **Ausgangssituation** vorgestellt, und wird ein nachvollziehbarer **Konflikt** beschrieben?
- Führen die Tiere ein **Streitgespräch?** Kommt wörtliche Rede darin vor?
- Gibt es eine **überraschende Wende?**
- Endet die Fabel mit einer **Lehre?**

Vergleiche deine Ergebnisse mit dem Lösungsheft. Für jede richtige Antwort erhältst du einen Punkt.

☺ **9–7 Punkte**

Gut gemacht!

☺ **6–3 Punkte**

Gar nicht schlecht, aber lies dir die Merkkästen auf den Seiten 14 und 15 noch einmal genau durch.

☹ **2–0 Punkte**

Arbeite die Seiten dieses Kapitels noch einmal sorgfältig durch.

Beschreiben

Einen Gegenstand beschreiben

Information	Einen Gegenstand beschreiben (Suchmeldung)

Gegenstände beschreibt man **sachlich** und **genau**, z. B. für eine Suchmeldung.

Aufbau:

- Nenne in der **Einleitung** den Gegenstand und den Zweck (das Ziel) der Beschreibung:
  Ich suche meine Sportschuhe, die ich am ... in der Halle vergessen habe.
- Beschreibe im **Hauptteil** wichtige Einzelheiten in einer sinnvollen Reihenfolge:
  - Benenne zuerst den Gegenstand und gib den **Gesamteindruck** wieder, z. B.: *neuwertige Sportschuhe.*
  - Beschreibe dann die **einzelnen Merkmale,** z. B.: von oben nach unten, von links nach rechts.
    Trage zuvor die Merkmale in einem Steckbrief zusammen. Lege **Oberbegriffe** fest (z. B.: Material,
    Form, Farbe, besondere Kennzeichen) und füge ihnen **Unterbegriffe** (Detailmerkmale) hinzu.
    Verwende, wo es sinnvoll erscheint, **Fachbegriffe,** z. B.: *Metallöse.*
- Formuliere zum **Schluss** eine Bitte, die den Anlass der Beschreibung aufgreift, z. B. bei einer Suchmeldung/
  Verlustanzeige: *Bitte melden Sie sich bei ...*

Schreibe die Gegenstandsbeschreibung im **Präsens.**

1 Maxi hat ihre Schuhe verloren. Sie hat eine Suchmeldung geschrieben und ausgehängt.
Lies die Suchmeldung. Unterstreiche die wichtigsten Informationen zu den Schuhen.

> *Sportschuhe vermisst!*
>
> *Ich suche meine Schuhe, die ich am 5. November in der Schulsporthalle vergessen habe. Weder der Sportlehrer*
> *noch der Hausmeister haben die Schuhe gefunden. Daher bitte ich um eure Mithilfe!*
>
> *Hier eine kurze Beschreibung: Es handelt sich um graue Schuhe der Größe 36. Das Obermaterial ist aus Leder.*
> *Die Hinterkappe und die Lasche sind aus Leder. Der Innenschuh ist nicht grau. Die Schnürbänder dagegen sind*
> *in der Grundfarbe des Modells gehalten. Auf dem Außenrist und den Laschen der Schuhe sind Aufdrucke.*
> *Der ehrliche Finder erhält eine Belohnung. Bitte meldet euch bei ...*

2 Bisher hat sich noch niemand auf die Suchmeldung gemeldet.
Überarbeite Maxis Beschreibung mit Hilfe eines Bildes.
  a Sieh dir das Bild genauer an.
  b Welche Merkmale kannst du in Maxis Beschreibung ergänzen? Notiere Stichworte, z. B. zu folgenden Fragen:
  Für wen sind die Schuhe? Welche Farben haben die Schuhe? Welche Besonderheiten haben die Schuhe?

Stärken stärken: Einen Gegenstand genau beschreiben

●○○ **1** Beschreibe die Merkmale der Sportschuhe auf Seite 18 genau.

   a Ordne den folgenden Oberbegriffen passende Unterbegriffe (▸ Infokasten, S. 18) zu.
      Deine Ergebnisse von Aufgabe 1 und 2 auf Seite 18 können dir helfen.

   b Unterstreiche Fachbegriffe.

Gegenstand: _____

Farbe/Gestaltung: _____

Form/Ausstattung: _____

_____

Maße/Größe: _____

Material: _____

Besonderheiten: _____

●●○ **2** Schau dir die Sportschuhe auf Seite 18 genau an.

   a Ergänze Adjektive oder Partizipien, mit denen du sie genauer beschreiben kannst.

_____

_____

> Verwende genau **beschreibende Adjektive,** z. B.: *modisch, sportlich, unempfindlich, bequem, leicht* oder **Partizipien,** z. B.: *umlaufend, gezackt, abgesetzt.*

   b Bilde Wortzusammensetzungen, um die Schuhe genauer zu beschreiben.

_____

_____

_____

> **Wortzusammensetzungen** helfen bei genauen Beschreibungen, z. B.: *Schnee + weiß → schneeweiß.*
>
> Wortspeicher
>
> Feder • Aluminium • Wasser • grau • abweisend • leicht

●●○ **3** Kombiniere Adjektive und Partizipien von Aufgabe 2 passend mit den Merkmalen von Aufgabe 1.
     Notiere Wortgruppen, die du in deiner Gegenstandsbeschreibung verwenden kannst.

wasserabweisendes Obermaterial, _____

_____

●●● **4** Überarbeite Maxis Suchmeldung für die Sportschuhe von Seite 18.
     Schreibe die überarbeitete Suchmeldung in dein Heft.

   a Beschreibe die Schuhe genauer. Verwende dazu deine Ergebnisse von Aufgabe 1 bis 3.

   b Ersetze „ist", „sind", „hat" und „haben" durch treffende Verben, z. B. *besitzen, bestehen aus …*

> Wähle **treffende Verben** an Stelle der Wörter „ist", „sind", „hat" und „haben", z. B.: *sich befinden, verfügen über, tragen, verlaufen, umschließen, sich handeln um.*

Stärken stärken: Einen Vorgang beschreiben

In einer **Vorgangsbeschreibung,** z. B. einer Bastelanleitung, beschreibst du einen Vorgang so genau und verständlich, dass andere ihn leicht verstehen und ausführen können.
Prüfe sorgfältig, welche **Arbeitsschritte** für den Vorgang nötig sind, und beschreibe diese dann **in der richtigen Reihenfolge.**

Herbst und Winter sind Jahreszeiten, in denen man gern bastelt. Bastle doch mal ein Apfelmännchen. Die dafür notwendige Bastelanleitung erarbeitest du dir anhand der folgenden Aufgaben. Die wichtigsten Materialien wie Nüsse und Äpfel findest du draußen in der Natur oder auf dem Markt.

●●○ **1**   Ordne die <u>Materialien</u> und die <u>Arbeitsmittel</u>, die du für das Apfelmännchen benötigst, in die folgende Tabelle ein.

Materialien	Arbeitsmittel
Apfel,	

●●○ **2**   Deine Freundin bittet dich um eine Bastelanleitung. Formuliere mit den Angaben aus Aufgabe 1 eine <u>Einleitung.</u>

In der Einleitung nennst du die notwendigen Materialien und/oder Vorbereitungen, z. B.: *einen Apfel besorgen, ...*

Für das Basteln eines Apfelmännchens

benötigst du

●●○ **3** **Im Hauptteil der folgenden Bastelanleitung sind die einzelnen Schritte durcheinandergeraten.**
Bringe sie in die richtige Reihenfolge. Trage dazu die Zahlen richtig ein.

Du steckst den Kopf (die Nuss mit Kegelhut) auf den Körper (den Apfel) mit Mantel.

Du schneidest von dem Kegel die Spitze ab, und zwar in Höhe der Schultern des Apfelmännchens.

Du bohrst das Streichholz unten in die Nuss, du brauchst es als Hals, um die Nuss (als Kopf)
auf dem Apfel (dem Körper) zu befestigen.

Die übriggebliebene Kegelspitze legst du um die Walnuss und klebst sie als Hut auf ihr fest.

Du formst aus dem Halbkreis einen Kegel. Dazu musst du an deinem Apfel Maß nehmen,
damit der Mantel später passt. Du legst das Papier wie einen Mantel um den Apfel.
Du klebst die Außenkante, damit ein fester Kegel entsteht.

Du bemalst und schmückst deine Figur. – Fertig ist das Apfelmännchen!

Du zeichnest mit dem Zirkel einen Kreis von etwa 30 Zentimeter Durchmesser, also 15 cm Radius,
auf das Papier. Du ziehst mit dem Lineal eine Linie durch den Kreismittelpunkt. Es entstehen zwei
Halbkreise. Die schneidest du aus. Damit hast du gleich Material für zwei Mäntel.

●●○ **4** **Die Abfolge der einzelnen Arbeitsschritte wird oben nicht deutlich. Formuliere die Schritte in deinem Heft so um,**
dass sprachlich eine Abfolge klar wird. Greife dabei auf den Wortspeicher zurück.

Zuerst zeichnest du mit dem Zirkel einen Kreis von etwa 30 cm Durchmesser, also ...

Wortspeicher

zuerst • als Erstes • zunächst • anschließend • jetzt • nun • dann • schließlich • als Nächstes •
nachdem • danach • im Anschluss daran • hinterher • zuletzt

●●○ **5** **Beende deine Bastelanleitung mit einem Tipp.**

Gib zum Schluss deiner Bastelanleitung einen
Tipp oder einen Hinweis, z. B.:
Eventuell musst du mit einem kleinen Bohrer
die Nussschale ein wenig aufbohren, um das
Streichholz hineinstecken zu können.

Stärken stärken: Einen Zaubertrick genau beschreiben

● ● ● **1** Schau dir die Bilder zum Zauberschlaufentrick genau an. Probiere ihn zusammen mit einem Mitschüler aus.

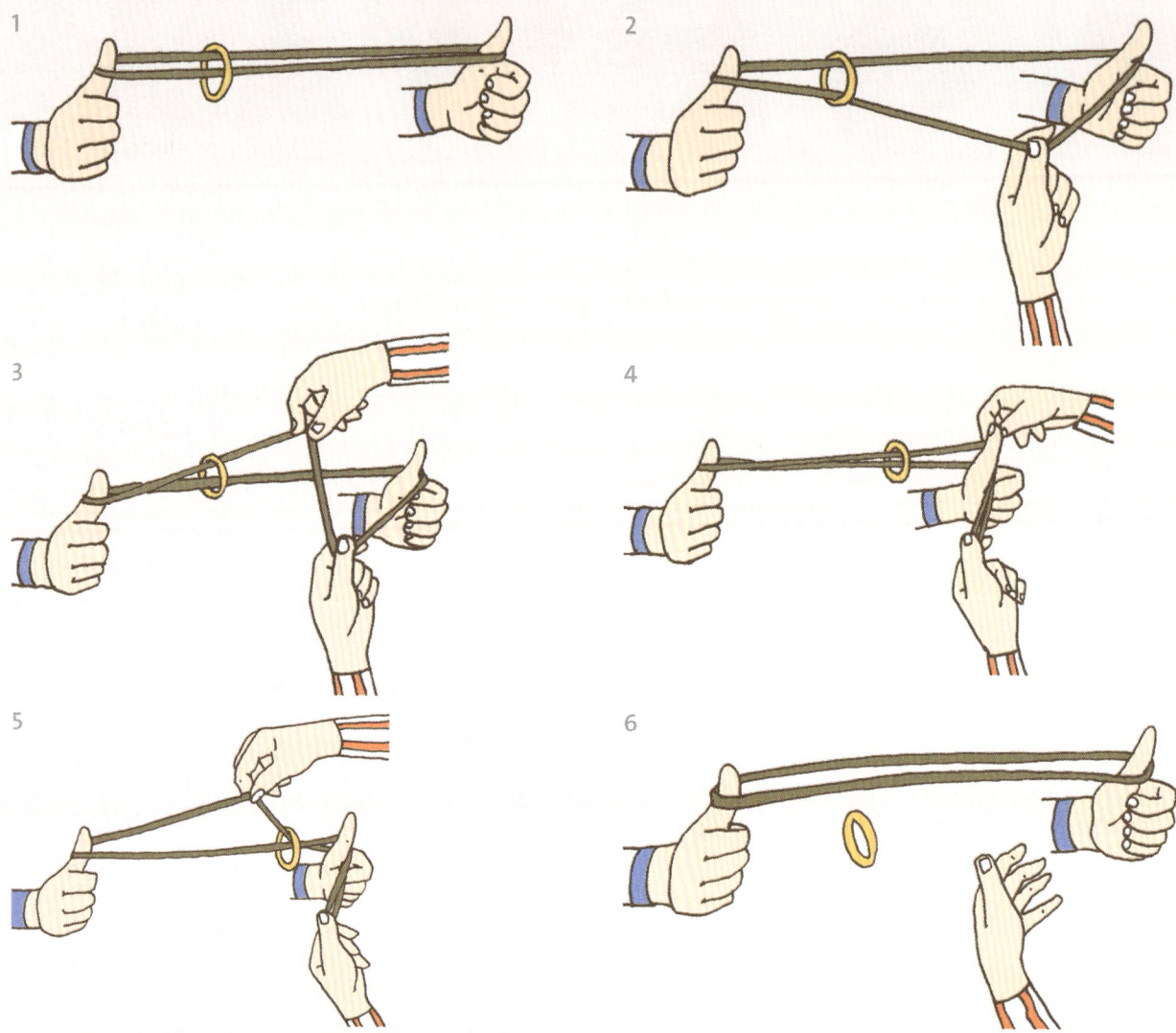

● ● ● **2** Patti hat eine Vorgangsbeschreibung für diesen Trick mit der Zauberschlaufe verfasst. Überarbeite ihren Text.
a Bringe die 5 nachstehenden Textabschnitte in die richtige Reihenfolge. Nummeriere sie.
b Finde für die unterstrichenen Wörter genauere Begriffe und schreibe den Text in dein Heft.
   Tipp: Vergiss die Überschrift nicht.

[ ] Zuerst wird die Schlinge durch den Ring gefädelt. Dann hält ein Assistent die Schlinge <u>schlaff</u> auf <u>den Fingern</u> in die Luft.

[ ] Für den Trick „Die Zauberschlaufe" benötigt man eine Schnur in Form einer Schlinge und einen kleinen Ring (z.B. ein Haargummi).

[ ] Der <u>Vorführer</u> greift mit der linken Hand an die Schnur zwischen dem <u>Gegenstand</u> und der linken Hand des Assistenten. Er fasst mit der rechten Hand die Schnur zwischen dem Ring und seiner linken Hand. Seine linke Hand bleibt unverändert.

[ ] Der Ring fliegt davon und die Schnur sitzt wieder auf beiden Daumen.

[ ] Die rechte Hand führt dann die Schnur über den <u>dicken Finger</u> des Assistenten. Wieder bleibt die linke Hand des Zauberers unbewegt. Mit der rechten Hand fasst er danach die hintere Schnur links vom Ring. Er <u>macht</u> diese über den linken Daumen seines Assistenten. Dieser muss die Schnur straffziehen und im gleichen Moment lässt der Zauberer die Schnur los.

Teste dich!

Beschreiben

1 Der Aufbau einer Gegenstandsbeschreibung ist immer gleich. Ordne die Elemente den einzelnen Bausteinen „Einleitung", „Hauptteil" und „Schluss" zu. Markiere dabei farbig. (8 P.)

Anlass einer Beschreibung nennen		Gesamteindruck darstellen
	EINLEITUNG	
Reihenfolge beachten		Bitte um Rückgabe formulieren
	HAUPTTEIL	
genau beschreibende Adjektive und Partizipien nutzen		Gegenstand genau beschreiben
	SCHLUSS	
Fachbegriffe verwenden		weitergehende Informationen geben

2 Ergänze die fehlenden Angaben im folgenden Lückentext.
Die Stichworte unter dem Text können dir helfen. (10 P.)

Gegenstände und Vorgänge beschreibt man genau und _____. Dabei helfen

Fachbegriffe, _____ und _____. Beim Beschreiben ist

es wichtig, eine _____ einzuhalten. Einen Gegenstand beschreibt man zum

Beispiel _____ oder von oben nach unten. Einen Vorgang beschreibt man in

der richtigen _____ der Arbeitsschritte. Die Abfolge der Arbeitsschritte sollte

man auch sprachlich deutlich machen, zum Beispiel mit Hilfe der Wörter _____

_____, _____, _____.

Beim Beschreiben verwendet man das _____.

Wortspeicher

Adjektive und Partizipien • sinnvolle Reihenfolge • von links nach rechts • zeitlichen Abfolge •
zuerst • sachlich • dann • abschließend • Präsens • treffende Verben

Vergleiche deine Ergebnisse mit dem Lösungsheft. Für jede richtige Antwort erhältst du einen Punkt.

☺ **18–15 Punkte**

Gut gemacht!

☺ **14–10 Punkte**

Gar nicht schlecht, aber lies dir die Merkkästen und die Tipps auf den Seiten 18 bis 20 noch einmal genau durch.

☹ **9–0 Punkte**

Arbeite die Seiten dieses Kapitels noch einmal sorgfältig durch.

Sagen

Merkmale einer Sage erkennen

Information **Sagen**

Sagen sind ursprünglich mündlich überlieferte Erzählungen, in denen oft unerklärliche oder unheimliche Ereignisse dargestellt werden. Sie enthalten meist einen wahren Kern. So sind Ort und Zeit des Geschehens oft angegeben, Namen, Herkunft und Beruf von Personen werden häufig genannt. Es treten aber auch übernatürliche Wesen mit besonderen Fähigkeiten auf.

Volks- oder Heimatsagen sind fantastische Erzählungen aus einer bestimmten Gegend. Oft erklären sie Ortsnamen, Besonderheiten der Landschaft oder Naturerscheinungen.

Götter- und Heldensagen erzählen die Geschichten von Helden, die besonders listig sind oder über außergewöhnliche Kräfte verfügen. Meist beziehen diese Sagen Gottheiten ein.

Die Prophezeiung

Da der wilde Etzel[1] mit seinem Hunnenheer die Fluten des Lechgebietes überströmte, nahte er auch der alten Römerkaiserstadt Augsburg, wo er mit einigen wenigen Gefährten den Lechfluss durchreiten wollte.

5 Wie er nun an des Alpenstromes flaches Ufer kam und sein Ross schon den Fuß erhob, in den Fluss zu treten, da rauschte das Wasser gewaltiglich. Und es erhob sich vom Grund eine riesige Frauengestalt, welche so grauenhaft und furchtbar anzusehen war,

10 dass das Pferd voller Entsetzen zurückwich und der König im Sattel zu wanken begann.

Und die graue Stromfrau sah Etzel aus hohlen Augen mit starrem Todesblick an, reckte den Arm gegen ihn und rief: „Retro[2], Attila! Retro, Attila! Retro, Attila!"

15 Danach sank sie wieder nieder und über ihrem flatternden Nixenhaar schlossen sich rauschend die Gewässer.

Da wurde der König von einem nie gefühlten Schauer ergriffen. Er starrte auf die Stelle, an der die Stromfrau verschwunden war, und sprach lange kein Wort. 20 Danach wandte er sein Ross und gab es auf, den Fluss überqueren zu wollen.

Jahre hernach erfolgte die schreckliche Hunnenschlacht am Lech, in welcher Bischof Ulrich dem Christenheer zum Sieg verhalf, sodass sich die Hunnen zurückziehen mussten. 25

---

1 Etzel/Attila (etwa 406–453), König der Hunnen, die seit 375 n. Chr. in Westeuropa einfielen

2 retro (lat.): zurück

1 Überlege, welche Merkmale eher zur Sage, welche zum Märchen gehören. Kreuze an.
Tipp: Ein Merkmal passt zu Märchen und Sage.

Sage   Märchen

A Ort und Zeit des Geschehens werden meistens genannt. ☐ ☐

B Es treten typische Figuren ohne Namen auf (König, Hexe ...). ☐ ☐

C Meist spielen magische Zahlen eine Rolle. ☐ ☐

D Oft werden die Namen der handelnden Personen angegeben. ☐ ☐

E Es passieren wundersame (oft unheimliche und unerklärliche) Ereignisse. ☐ ☐

F Die Handlung geht in der Regel gut aus. ☐ ☐

G Am Anfang und am Ende stehen typische Formeln. ☐ ☐

H Die Geschichte hat einen wahren Kern. ☐ ☐

2 Unterstreiche im Text die typischen Merkmale einer Sage.

Stärken stärken: Eine Heimatsage erschließen

●○○ **1** Ordne die folgenden Bausteine so, dass sie eine Zusammenfassung der Sage in zwei Sätzen ergeben.

Bausteine

wie Hunnenkönig Etzel versucht, • Die Sage beschreibt, • Dabei wird er •
den Lech zu überschreiten. • von einer unheimlichen Riesennixe zurückgewiesen.

●○○ **2** Beantworte die folgenden Fragen zu der Sage in vollständigen Sätzen. Achte dabei auch auf die Fußnoten auf Seite 24.

A In welcher Zeit spielt die Sage?

B Was passiert, als König Etzel den Fluss überschreiten will?

C Warum kehrt der König mit seinen Gefährten um?

●○○ **3** Welche typischen Merkmale einer Sage werden durch die folgende Karte zum Text bestätigt? Notiere.

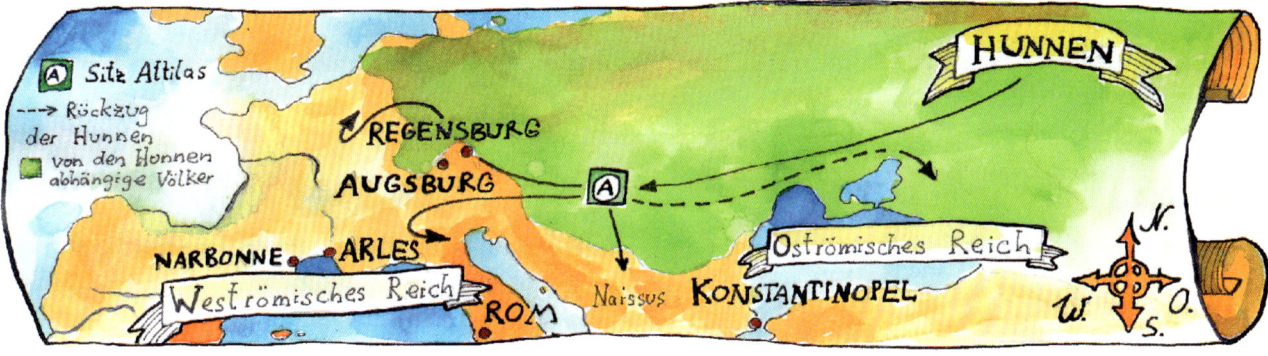

●○○ **4** Schreibe in dein Heft einen kurzen Text, in dem du mindestens vier Sagenmerkmale
und passende Textstellen aus der Sage „Die Prophezeiung" mit Zeilenangaben nennst.
Schreibe im Präsens. Du kannst folgende Formulierungen benutzen:

Formulierungen

Bei dem Text „..." handelt es sich um ... • Das kann man zum Beispiel erkennen an ... (Zeile ...). •
Typisch für die Sage ist auch ... (Zeile ...). • Außerdem passieren ... (Zeile ...).

Stärken stärken: Eine antike Sage erschließen, einen Helden beschreiben

Der Stier Poseidons

Herakles, Sohn des Göttervaters Zeus und der Königin Alkmene, war schon als Kind berühmt für seine Kraft. Im Dienst seines erstgeborenen Zwillingsbruders Eurystheus musste er schwerste Aufgaben erledigen, zum Beispiel auf Kreta den Stier Poseidons einfangen. Dieser raste als wild gewordene Bestie über die Insel, nachdem ihn König Minos nicht, wie versprochen, dem Meeresgott Poseidon geopfert hatte, sondern stattdessen ein altes, mageres Tier.

Bald da, bald dort tauchte der rasende Stier auf, tötete Menschen und Tiere und niemand war da, der ihn einzufangen oder zu erlegen vermochte.

Tapfere Jäger zogen aus, um ihn zu erschießen, doch
5 wenn ihn ein Pfeil traf, schien er es kaum zu spüren. Höchstens, dass er sich so lange an einem Baumstamm rieb, bis der Pfeil brach oder aus der Wunde fiel. Das Volk begann, sich die schrecklichsten Geschichten über den wilden Stier zu erzählen. Selbst
10 drüben auf dem Festland erfuhr allmählich jedermann von den Gräueltaten, die der Stier von Kreta verübte. Die Geschichten kamen auch Eurystheus zu Ohren und er beschloss sogleich, den verhassten Bruder, dessen Ruhm nach jedem Abenteuer nur
15 größer wurde, nach Kreta zu senden.

Also machte sich Herakles auf den Weg nach Kreta. Er wusste, zwischen dem Festland und der Insel war das Meer seicht und voll Klippen. Auch zogen sich unter dem Wasser Bergrücken hin, über die man fast
20 wie über eine Brücke gehen konnte.

Herakles nahm keine Waffen mit sich, nur den Strick, den er sich um Brust und Schultern schlang. Und weil er so groß und stark war, fiel es ihm nicht schwer, die Insel zu erreichen. Manchmal schwamm
25 er eine Weile, manchmal sprang er von Klippe zu Klippe oder wanderte einen Bergrücken entlang, während ihm das Wasser bis zur Brust reichte.

Und eines Abends stieg er in Kreta ans Land und begab sich zum König.
30 Minos sah sehr sorgenvoll aus, denn es war eine üble Zeit für ihn. Seit der Stier die Insel unsicher machte, murrte das Volk gegen den König. „Er ist schuld an unserem Unglück!", hieß es allenthalben. „Er hat Poseidon um den schönen Stier betrogen und wir haben
35 jetzt seine Rache zu erleiden!" Minos wagte sich kaum noch aus seinem Palast heraus: Denn wo er sich zeigte, tönten ihm Flüche und Beschimpfungen entgegen.

So nahm er Herakles mit großer Erleichterung auf, als er erfuhr, dass sein berühmter Gast gekommen
40 war, um die Insel von der schrecklichen Plage zu befreien. „Ich will dir helfen, den Stier zu fangen", sagte er in seiner Freude sogar. „Das Volk hasst mich jetzt! Aber –"

„Das Volk hat recht, König Minos!", unterbrach ihn
45 Herakles kühl. „Du hast nun einmal Poseidon betrogen und die Menschen auf der Insel müssen die Folgen tragen. Da ist es nur recht und billig, dass du wenigstens versuchst, ihnen zu helfen. Allerdings glaube ich nicht, dass mir dein Beistand viel nützen
50 wird", fügte er ehrlich hinzu. „Aber du magst immerhin mit mir kommen, damit sie deinen guten Willen erkennen. Deine Krieger musst du aber zu Hause lassen. Sie wären mir nur im Wege!"

Früh am nächsten Morgen zogen sie aus. Herakles
55 hatte nichts als sein Löwenfell und seinen Strick und er schüttelte den Kopf, als Minos mit Helm, Schild und Schwert in einem zierlich geschmiedeten Brustpanzer erschien, den Bogen über der Schulter und den Köcher mit Pfeilen umgebunden.
60
„Du siehst zwar sehr kriegerisch aus, König", sagte er. „Aber ich weiß nicht, ob du Zeit haben wirst, deine Waffen zu gebrauchen, wenn der Stier plötzlich auf uns zugerast kommt."

Sie gingen fast den ganzen Tag: querfeldein, durch
65 Täler und über Hügel, an Siedlungen vorüber und durch unwegsame Wälder. Niemand wusste, wo sich der Stier zu dieser Zeit aufhielt: Denn es geschah bisweilen, dass er tagelang verschwunden blieb und dann plötzlich irgendwo auftauchte, wo man es am
70 wenigsten erwartete.

Die beiden Männer waren zuletzt eine Weile nach Norden gewandert und gegen Abend wieder in die Nähe der Küste gekommen. Vor ihnen lag jetzt eine

75 kleine Siedlung, aber sie schien nicht mehr von Menschen bewohnt zu sein, obgleich ringsum fruchtbares Land war.

„Wir wollen in einer der Hütten übernachten", sagte Herakles, „obgleich sie recht unwirtlich aussehen."

Sie gingen auf die erste Hütte zu. Zwar lag die Tür 80 zertrümmert an der Wand, aber das Dach schien noch fest und dicht zu sein ...

(Quelle: Auguste Lechner: Herkules. Innsbruck 1977, S. 155 ff., gekürzt)

●●○ **1** **Beantworte die folgenden Fragen zu der Sage in vollständigen Sätzen:**

A Warum ist Poseidon wütend auf König Minos?

_____

_____

B Wie übt Poseidon Rache an dem König?

_____

_____

C Warum hasst das Volk den König?

_____

_____

D Welche Aufgabe soll Herakles auf Kreta erledigen?

_____

_____

●●○ **2** **In dem Text findest du typische Merkmale der Sage und insbesondere der Götter- und Heldensage.**
Nenne vier davon und schreibe dazu als Beleg Beispiele aus dem Text (mit Zeilennummer) auf.
Arbeite in deinem Heft, z. B.:

In der Sage spielen Götter eine Rolle, etwa Zeus und Poseidon (in der Einleitung).

●●○ **3** **Mache dir ein genaueres Bild von Herakles.**
   a **Lies noch einmal die Zeilen 21 bis 60 des Textes und markiere mindestens drei Adjektive, die die Eigenschaften des Helden gut beschreiben.**
   b **Warum verhält sich Herakles gegenüber König Minos so kühl? Erkläre. Beginne zum Beispiel so:**

Herakles denkt, dass König Minos ...

_____

_____

_____

●●○ **4** **Denke dir gemeinsam mit einem Partner aus, wie Herakles den Stier einfangen könnte.**

Stärken stärken: Eine Sage weiterschreiben, einen Text überarbeiten

●●● **1** Lies die Sage auf Seite 26 und 27 und bearbeite anschließend Aufgabe 1 auf Seite 27.

●●● **2** Überlege dir, wie Herakles den Stier einfangen könnte.
Beachte den Tipp.

> **Texte planen**
> Plane deine Texte mit Hilfe einer **Mind-Map** oder eines **Schreibplans**.

●●● **3** Schreibe nun die Sage in deinem Heft weiter.
Nutze dabei die Checkliste unten auf der Seite.

●●●● **4** Prüfe die folgende Fortsetzung der Sage mit Hilfe der Checkliste.
Markiere fehlerhafte Formulierungen.

VORSICHT FEHLER!

Noch bevor sie die Hütte betreten, hören sie darin ein wütendes Schnauben. Der Eine weiß natürlich sofort, dass sie den Stier gefunden haben. Dieses Tier war nicht mit Kraft, sondern nur mit List zu besiegen. So bindet er seinen Strick an einen Baum direkt vor der Tür und hält das andere Ende, in das er eine Schlinge gebunden hatte, in der Hand. Der Andere, also der König, sollte den Stier nerven, indem er einen Pfeil auf ihn schoss. Der Stier, der in seinem Zorn direkt aus der Hütte galoppierte, stürzt über den Strick und noch bevor er wieder auf die Beine kommen kann, hatte der Mann ihm die Schlinge um die Vorderbeine gelegt und festgezogen. Der Stier guckte ganz wild, versuchte, ihm hinterher zu rennen, dabei zog sich die Schlinge immer fester zu und er wickelte sich immer enger um den Baum. So konnte der heldenhafte König ihm den Dolch todesmutig ins Herz stechen. Also kehrten die beiden siegreich zurück und der König findet endlich Frieden mit seinem Volk.

Checkliste

Fit für Sagen?   ☺   ☹

- Sind die Figuren beim Weiterschreiben erhalten geblieben?
- Haben die Figuren ihre besonderen Eigenschaften beibehalten?
- Wurde das Umfeld der Sage berücksichtigt?
- Zeichnet sich der Held durch außergewöhnliche Fähigkeiten aus?
- Wurde der sprachliche Stil der Sage beibehalten?
- Ist auch die Fortsetzung der Sage im Präteritum geschrieben?
- Sind die Satzanfänge abwechslungsreich und variiert die Wortwahl (Nomen, Verben)?

●●●● **5** Prüfe nun auch deine eigene Fortsetzung der Sage und verbessere Fehler in deinem Heft.

Teste dich!

Sagen

Herakles und der Kampf gegen den nemeischen Löwen

Die erste Arbeit, die Herakles für den König erledigen musste, war sehr schwierig: Er sollte den nemeischen[1] Löwen töten. Dieser Löwe verbreitete Angst und Schrecken, denn er hatte schon viele Tiere und Menschen angegriffen und gefressen. Er galt als unbesiegbar.

Tagelang suchte Herakles den Löwen in den Wäldern des Peloponnes. Schließlich fand er das Ungeheuer schlafend unter einem Baum. Sein Kopf und seine Mähne waren rot vom Blut seiner letzten Mahlzeit. Herakles versuchte sofort, seine treffsicheren Pfeile in das Herz des Löwen zu schießen, aber vergeblich: Die Pfeile prallten einfach ab. Schließlich wurde der Löwe wach und sprang mit fürchterlichem Gebrüll auf Herakles zu. Der wehrte sich mit dem Schwert, doch auch das fügte dem Löwen nicht einen Kratzer

zu. Jetzt war Herakles klar: Das Fell des Löwen war unverletzbar!

Deshalb stürzte er sich mit bloßen Händen auf das Tier, um es mit seiner Faust so fest auf den Kopf zu schlagen, dass es bewusstlos hinfiel. Dann erwürgte er den Löwen mit beiden Händen und brach ihm zum Schluss das Genick. Endlich war die Bestie tot. Nun wollte Herakles dem Löwen das Fell abziehen, aber sein Messer glitt daran ab. So kam er auf die Idee, dafür die eigenen Krallen des Löwen zu verwenden. Und siehe da, mit den Löwenpranken ließ sich das Fell tatsächlich aufschlitzen. Herakles zog es sich über den Kopf und benutzte es seitdem als Mantel.

---

1 nemeisch: Herkunftsbezeichnung nach dem Ort Nemea

---

1 Die folgenden Handlungsschritte der Sage sind durcheinandergeraten. Ordne sie, indem du sie in der richtigen Reihenfolge nummerierst. (8 P.)

Herakles schießt mit Pfeilen auf den Löwen, die an dessen Fell abprallen.

Der König beauftragt Herakles, den gefährlichen nemeischen Löwen zu töten.

Herakles kämpft mit dem Schwert, das aber den Löwen nicht verletzen kann.

Herakles zieht dem Löwen mit dessen Krallen das Fell ab und benutzt es als Mantel.

Herakles sucht lange den Löwen und findet ihn schlafend unter einem Baum.

Herakles schlägt den Löwen mit der Faust bewusstlos.

Der Löwe wacht auf und springt Herakles an.

Herakles erwürgt den Löwen und bricht ihm das Genick.

---

2 Ordne die markierten Textstellen diesen Sagenmerkmalen zu. Notiere jeweils die erste Zeile. (3 P.)

übernatürliches Wesen = Z. _____   realer Ort = Z. _____   Kampf, Bewährung = Z. _____

Vergleiche deine Ergebnisse mit dem Lösungsheft. Für jede richtige Antwort erhältst du einen Punkt.

☺ **11–9 Punkte**   😐 **8–4 Punkte**   ☹ **3–0 Punkte**

Gut gemacht!   Gar nicht schlecht, aber lies dir den Merkkasten   Arbeite die Seiten dieses Kapitels
                      auf Seite 24 noch einmal genau durch.   noch einmal sorgfältig durch.

Lesetraining mit fabelhaften Texten

Methode   **Wirkungsvoll vorlesen**

Lies **deutlich,** nicht zu schnell und nicht zu langsam. **Hebe** ↗ oder **senke** ↘ die Stimme, wie es der Text erfordert. Achte dabei auf die **Satzzeichen** (Aussage, Ausruf, Frage) und setze gezielt **Pausen ||** ein. **Betone** <u>wichtige Stellen</u>, indem du lauter oder leiser sprichst. Passe bei wörtlicher Rede deine Stimme der Figur an.

1   Lies das folgende Gedicht zunächst leise durch.

Wilhelm Busch

Bewaffneter Friede

Ganz <u>unverhofft</u>, || an einem <u>Hügel</u>, ||
sind sich begegnet || <u>Fuchs</u> und <u>Igel</u>. ||
„Halt", rief der Fuchs, „du Bösewicht!
Kennst du des Königs Ordre[1] nicht?
5 Ist nicht der Friede längst verkündigt,
und weißt du nicht, dass jeder sündigt,
der immer noch gerüstet geht?
Im Namen Seiner Majestät,
geh her und übergib dein Fell!"

10 Der Igel sprach: „Nur nicht so schnell!
Lass dir erst deine Zähne brechen,
dann wollen wir uns weiter sprechen!"
Und allsogleich macht er sich rund,
schließt einen dichten Stachelbund
15 und trotzt getrost der ganzen Welt,
bewaffnet, doch als Friedensheld.

---

1 die Ordre: Befehl

2   Lies das Gedicht nun laut und überlege, wo Betonungen nötig sind, wo Pausen gemacht werden müssen und an welcher Stelle die Stimme zu heben oder zu senken ist. Füge die entsprechenden Zeichen ein.

Methode   **Überfliegendes Lesen**

Beim **überfliegenden Lesen** geht es darum, schnell den **Kerngedanken** des Textes zu erfassen. Dabei hilft es, sich **Schlüsselwörter** (Wörter, die für das Textverständnis wichtig sind) zu merken.

3   **a**   Überfliege den folgenden Text und markiere Schlüsselwörter.

Iwan Krylow

Warum das Schwein weinte

Ein Schwein, das auf einem Bauernhof lebte, hörte, wie sich die Menschen stets mit seinem Namen beschimpften. Die Magd meinte zum Knecht: „Du hast mich belogen, du bist ein Schwein!" Der Bauer sagte:
5 „Dieser Händler ist ein Schwein, er hat uns betrogen!" Und die Bäuerin schalt mit der Magd: „Wie schmutzig die Küche wieder ist. Das ist doch eine Schweinerei!"

So ging es weiter, und das Schwein wurde immer
10 trauriger und bedrückter. Eines Tages, als es wieder
zuhören musste, wie man seinen Namen miss-
brauchte, legte es sich in seinem Koben[1] nieder und
weinte. Im Stall war aber auch ein munterer kleiner
Esel. „Warum weinst du?", fragte er voll Anteilnahme
15 das Schwein.

„An meiner Stelle würdest du auch weinen",
schluchzte das Schwein. Und es erzählte dem Esel
alles.
Der Esel hörte mitfühlend zu und sagte: „Ja, das ist
wirklich eine Schweinerei!"   20

---

1 der Koben: Verschlag, Schweinestall

b **Notiere: Was ist die Pointe (der überraschende Schluss) in dem Text?**

Methode   **Genaues Lesen**

Wenn du einen Text **gut verstehen** willst, um etwa Fragen dazu beantworten zu können oder ihn mit einem
anderen Text zu vergleichen, musst du ihn **genau und gründlich** lesen.

4 Lies die Fabel links zunächst genau durch, trage sie dann laut mit passender Betonung vor.

August Gottlieb Meißner

Die Maus und die Schnecke

Eine Maus begegnete einer Schnecke, die auf dem
Rücken ihr großes Haus trug.
Die Maus sprach: „Ich würde mich ja bedanken,
wenn ich mein Haus immer mit mir herumschlep-
5 pen müsste! Es ist so schwer, dass du nur erbärmlich
schleichen kannst. Schau mich an, behäbige Schnecke! Während du einen ganzen Tag brauchst, von
hier nach dort zu kommen" – die Maus flitzte fort
zum nächsten Baum und war schon wieder zurück –,
10 „bin ich im Nu hin- und hergesprungen." „Es ist
wahr, liebe Maus", antwortete die Schnecke, „du bist
schnell! Aber es ist schade, dass nicht nur du schnell
bist, sondern auch die Katze, deine Todfeindin.
Musst du nicht oft ängstlich und zitternd von Winkel
15 zu Winkel fliehen und nach einem Schlupfloch suchen, um dich vor ihr zu retten? Würdest du dann
nicht gerne mit mir, der langsamen Schnecke mit
dem schweren Haus auf ihrem Rücken, tauschen?
Merke dir, kleine Maus, dass man eine kleine Unbe-
20 quemlichkeit um eines größeren Nutzens willen gerne erträgt."

Die Maus und die kleine Schnecke

Eine Maus überholte eine Schnecke, die auf dem Rücken ihr großes Haus trug.
Die Maus spottete: „Ich würde mich ja bedanken,
wenn ich mein Haus immer mit mir herumschleppen müsste! Es ist so schwer, dass du nur erbärmlich 5
kriechen kannst. Schau mich an, langsame Schnecke! Während du einen ganzen Tag brauchst, um hin
und her zu schleichen" – die Maus flitzte fort zum
nächsten Tannenbaum und war schon wieder zurück –, „bin ich im Nu hin- und hergesprungen." „Es 10
ist wahr, liebe Maus", gab die Schnecke zurück, „du
bist schnell! Aber es ist schade, dass nicht nur du
schnell bist, sondern auch die Katze, deine Todfeindin. Musst du nicht oft ängstlich und zitternd von
einer Ecke in die andere fliehen und nach einem 15
Schlupfloch suchen, um dich vor ihr zu retten? Würdest du dann nicht gerne mit mir, der unendlich
langsamen Schnecke mit dem schweren Haus auf
ihrem Rücken, tauschen? Wisse, kleine Maus, dass
man eine kleine Unbequemlichkeit um eines größe- 20
ren Nutzens willen gerne auf sich nimmt."

5 Lies nun auch die Fabel auf der rechten Seite genau durch und markiere, was im Text verändert wurde.

6 Beantworte folgende Fragen zu der Fabel auf der linken Seite (Originaltext) in deinem Heft:

A Warum möchte die Maus kein Haus mit sich herumschleppen?
B Was ist nach Meinung der Schnecke der Nutzen des Schneckenhauses?

Mit Sachtexten umgehen

1 Lies die Überschrift und die ersten Zeilen des nachfolgenden Sachtextes. Notiere in Stichworten, was dir zu diesem Thema einfällt.

---

2 Lies den Text zügig durch.

Kathrin Dorscheid

Unterricht im fahrenden Klassenzimmer

Zirkus – das klingt nach Abenteuer, Akrobatik, Reisen und Spaß. Doch auch beim Zirkus gibt es einen Alltag, zu dem Unterricht und Pauken gehören.

„Was ist das?", fragt die Lehrerin auf Englisch und
5 hält eine Bildkarte hoch. „A tree", antwortet die
11-jährige Maja, „ein Baum." Die Lehrerin hakt nach:
„Aber das ist doch mehr als ein Baum. Wie nennt
man das?" „Oh ja, ich weiß es: Das ist ein Wald, a
forest!", ruft die 13-jährige Sascha stolz dazwischen.
10 Während die beiden Mädchen gemeinsam mit ihrer
Lehrerin Monika englische Vokabeln pauken, sitzen
am Nebentisch die älteren Schüler Nicolai, Saidou
und Jegor in ihre Bücher vertieft. Vieles ist wie in
jeder anderen Schule, aber manches ist ganz anders.
15 Zum Beispiel, dass alle Schüler Hausschuhe tragen,
die Lehrerin duzen und selbst darüber bestimmen
können, wann sie Mathe oder Englisch haben.
Wir sind im „fahrenden Klassenzimmer", der Zirkusschule des Zirkus FlicFlac. Die Mini-Schule be-
20 findet sich in einem geräumigen Wohnwagen und
zieht mit dem Zirkus das ganze Jahr lang von Stadt
zu Stadt. In diesem Schuljahr besuchen hier fünf
schulpflichtige Kinder zwischen 8 und 15 Jahren sowie zwei 18-Jährige den Unterricht. Die Eltern der
25 Schüler sind Artisten oder arbeiten als Ticketverkäu-
fer und Büroangestellte im Zirkus.
„Ich finde es toll, beim Zirkus zu leben. Ich liebe das
viele Reisen und kann ganz Deutschland erkunden.
Und man lernt immer wieder neue Menschen
30 kennen", erzählt der 15-jährige Nicolai mit glitzern-
den Augen. Er lebt seit sechs Jahren beim Zirkus

FlicFlac und geht hier zur Schule. An einem normalen Tag hat er von 9 bis 14 Uhr Schule und nachmittags Training: Er trainiert Diabolo und Trapezkunst.
Die FlicFlac-Kinder müssen an sechs Tagen pro Wo- 35
che zur Schule gehen. Sie sind an einer staatlichen
Schule angemeldet, haben einen ganz normalen
Lehrplan und die gleichen Schulbücher wie alle
anderen Schüler auch. An dieser Schule können sie
später auch die normalen Abschlussprüfungen 40
mitschreiben. Allerdings genießen sie den großen
Vorteil, dass an der FlicFlac-Schule der Stundenplan
für jeden Schüler extra zusammengestellt wird – je
nachdem, wo seine Stärken und Schwächen liegen.
Nicolai ist froh darüber, dass an der kleinen Schule 45
der Zusammenhalt viel stärker ist als an normalen
Schulen: „Es gibt hier überhaupt kein Mobbing, wir
lösen Probleme gemeinsam."
Jetzt ist erstmal große Pause angesagt, in der die
Schüler ihr Pausenbrot schnell „zu Hause" im Wohn- 50
wagen der Eltern abholen können. Sascha klappt ihr
Englisch-Vokabelheft zu und räuspert sich. Dann
zählt sie leise bis drei und ruft laut durch den Schul-
Wohnwagen: „Pauuuuse!" Denn eine Schulklingel
gibt es im fahrenden Klassenzimmer nicht. 55

(Quelle: www.geo.de/GEOlino, Stand: 01.02.2012)

3 Nenne das Thema: Kreuze an, worum es in dem Text geht.

Der Text handelt von … ☐ dem Zirkus FlicFlac. ☐ allem, was mit Zirkus zu tun hat.

☐ Englischunterricht. ☐ dem Unterricht in der Zirkusschule.

4 Woran erkennst du, dass es sich um einen Sachtext handelt? Antworte in deinem Heft.

Stärken stärken: Sachtexte erschließen

Methode	Die Fünf-Schritt-Lesemethode

1 **Überblick verschaffen:** Lies zunächst nur die Überschrift (evtl. Zwischenüberschriften) und die ersten drei bis fünf Zeilen des Textes. Betrachte die Abbildungen.
Überlege dann: Worum geht es in dem Text? Was weißt du schon über das Thema?

2 **Zügig lesen:** Lies den gesamten Text zügig durch. Überspringe, was du nicht sofort verstehst. Mache dir klar, was das Thema des Textes ist.

3 **Sorgfältig lesen:** Lies den Text ein zweites Mal sorgfältig durch.
Kläre anschließend unbekannte oder schwierige Wörter.

4 **Gliedern:** Markiere die Schlüsselwörter (Wörter, die für die Aussage eines Textes besonders wichtig sind) und gliedere den Text in Sinnabschnitte.

5 **Zusammenfassen:** Fasse die wichtigsten Informationen des Textes knapp zusammen.
Beantworte hierbei die W-Fragen: Wer ...?, Was ...?, Wo ...?, Wie ...? usw.

●○○ **1** Lies den Text auf S. 32 erneut. Markiere Schlüsselwörter.

●○○ **2** Kläre die Bedeutung schwieriger oder unbekannter Wörter, z. B. Akrobatik (▶ Z. 1), Artist (▶ Z. 25), Diabolo (▶ Z. 34), Mobbing (▶ Z. 47). Notiere sie in deinem Heft.
<u>Tipp:</u> Wenn du die Wörter aus dem Zusammenhang nicht erklären kannst, schlage im Wörterbuch nach.

Akrobatik (Z.1): kunst- und kraftvolle Turnübungen, die viel Geschick erfordern;

●○○ **3** Erschließungsfragen helfen dir, den Text zu verstehen. Beantworte sie, indem du die Textbausteine in dein Heft übernimmst und sie ergänzt.

A Wie läuft der Unterricht in der Zirkusschule ab? Wodurch zeichnet er sich aus?

> In der Zirkusschule findet der Unterricht von ? bis ? Uhr in einem ? statt. Dort tragen die insgesamt ? Schüler, die zwischen ? alt sind, ? . Die Schüler dürfen die Lehrerin ? und sie bestimmen selbst ? . In den Pausen ? . Der Zusammenhalt in der Schule ist ? , weil ? .

B Wieso wird der Unterricht in der Zirkusschule staatlich anerkannt?

> Die Kinder des Zirkus FlicFlac sind ? angemeldet, an der sie auch ihre ? ablegen können. Sie haben die gleichen ? und ? wie Schüler an einer ganz normalen Schule.

●○○ **4** Ordne die folgenden Zwischenüberschriften den Absätzen 1–5 zu. Notiere z. B.: *1: Der etwas andere ...*

Wortspeicher

Normaler Lehrplan, aber eigene Stundenpläne • Mini-Schule auf vier Rädern •
Kein Mobbing im fahrenden Klassenzimmer • Der etwas andere Englischunterricht •
Viele Reisen, ständig andere Menschen

●○○ **5** Fasse die Informationen des Textes mit eigenen Worten in deinem Heft zusammen. Beantworte dabei knapp alle wichtigen W-Fragen: *Wer? Was? Wo? Wie? Wann?*

Stärken stärken: Text und Diagramm lesen und auswerten

●●○○ **1** Lies die Überschrift und die ersten Zeilen und sieh dir die Abbildung und das Diagramm an. Notiere in Stichworten, wovon der Text handeln könnte.

Endlich eingeschult. Erfolgsgeschichte der mobilen Schulen in Mali

A _____

_____

Schon seit mehreren Jahren unterstützt die Aktion LebensLäufe ein Schulprojekt im Norden Malis[1]. Mit großem Erfolg: Rund 5 000 Nomadenkinder lernen dank der neuen mobilen[2] Schulen endlich lesen, schreiben und rechnen.

Im Norden Malis richtet sich das Leben vieler Menschen ganz nach dem Rhythmus der Jah-
5 reszeiten. Als Nomaden ziehen sie von einer Gemeinde zur anderen – immer auf der Suche nach Weidegründen und Wasser für ihre Tiere. So trotzen sie den kargen, ausgelaugten Böden der Wüste und den Gewässern das Nötigste für ihr Überleben ab.

B _____

_____

Schulbesuch mit Hindernissen

Die regelmäßigen Ortswechsel machen Nomadenkindern den Besuch einer Schule häufig un-
10 möglich. In ganz Mali ist die Zahl der Kinder, die eine Schule besuchen, sehr gering. Dies liegt zum einen an dem Mangel an Schulen. Die Schüler müssen oft lange Wege zurücklegen, um die nächste Schule zu erreichen. Zum anderen ist das bestehende Schulwesen nicht an die Lebensumstände der umherziehenden Viehhalter und Fischer angepasst und stößt deshalb auf Ablehnung. Die Kinder müssten an einem Ort zurückgelassen werden, während die Eltern
15 weiterziehen. Für die Fischer und Viehhalter ist das undenkbar. Sie fürchten, dass mit der Trennung vom Elternhaus keine angemessene Erziehung gewährleistet werden kann.

Erfolgsmodell mobile Schulen

Außerdem werden Kinder dringend für die Arbeit benötigt. Ibrahima Sangaré erläutert: „Die Alten können viele Arbeiten nicht machen, weil es körperlich zu anstrengend ist. Deshalb
20 müssen die Kinder helfen. Wenn der Sohn nun 200 Kilometer weiter in der Schule ist, kann der Vater nicht mehr richtig fischen."

C _____

_____

Um diesen Konflikt zu lösen, braucht man Schulen, die dem Lebensrhythmus der Nomaden angepasst sind. Die Welthungerhilfe half 2007 bei der Errichtung von drei mobilen Schulen. Schon im ersten Jahr meldeten sich 540 Kinder für den Unterricht an, der in traditionellen
25 Zelten und Hütten an jedem neuen Lagerplatz abgehalten wird. Die Lehrer wandern mit und die Welthungerhilfe hilft bei jedem Umzug. In einem Interview sagte ein Lehrer der mobilen Schule von Thialdé: „Ich bin in dieser Schule gerne Lehrer, weil die Schüler sehr motiviert sind und Lesen und Schreiben lernen wollen. Sie wecken mich manchmal sehr früh auf, damit ich unterrichten komme. Manche Schüler sind schon um sieben Uhr da und warten auf den Un-
30 terricht." Auch viele Eltern sind von den mobilen Schulen überzeugt. „Die Kinder können jetzt nicht nur aufschreiben, was verkauft wurde. Sie sind insgesamt aufgeweckter – auch bei der Hausarbeit und beim Fischen. Sie lernen fürs Leben."

5 000 neue Schüler

Diese Erfolge haben dazu geführt, dass die Welt-
35 hungerhilfe weitere 13 mobile Schulen eingerich-
tet hat. Mittlerweile nehmen rund 5 000 Nomaden-
kinder am Unterricht teil. Dank der Unterstützung durch das Welternährungsprogramm der UN[3] ver-

D _____

_____

E _____

_____

Klassenraum einer mobilen Schule

1 Mali: ein Staat in Westafrika

2 mobil: beweglich, nicht an einen Ort gebunden

3 UN (engl.): United Nations, Vereinte Nationen

fügen alle 16 Schulen über Schulkantinen. Ousmane Guindo, Projektleiter der Welthungerhilfe
40 in Mali, bewertet die bisherigen Ergebnisse positiv: „Wegen der schlechten Erfahrungen mit
den festen Schulen dachten alle, es sei unmöglich, die Kinder zu einem regelmäßigen Schulbesuch zu bewegen. Aber die mobilen Schulen sind eine gute Lösung."

Hauptsächlich Mädchen in den neuen Schulen

Überraschenderweise sind 70 Prozent der Neuschüler Mädchen. Entgegen dem üblichen
45 Trend erlauben Eltern zunehmend ihren Töchtern, zur Schule zu gehen. Gleichzeitig nimmt
der Anteil der männlichen Schüler ab. Die Jungen werden bei der Viehhaltung oder der
Fischerei gebraucht. Die Arbeit muss meist früh am Morgen erledigt werden. Bis die Jungen
zurück sind, hat die Schule längst begonnen. Um die Einschulungsrate von Jungen zu erhö-
hen, versucht die Welthungerhilfe, den Eltern die hohe Bedeutung einer Schulbildung klarzu-
50 machen. Zusätzlich gibt es in jeder Gemeinde einen Schulausschuss, der die Eltern in das
Schulwesen einbeziehen und sie von der Bedeutung des Schulbesuchs überzeugen soll.

F _____

_____

(Quelle: www.welthungerhilfe.de, Stand: 01.02.2012)

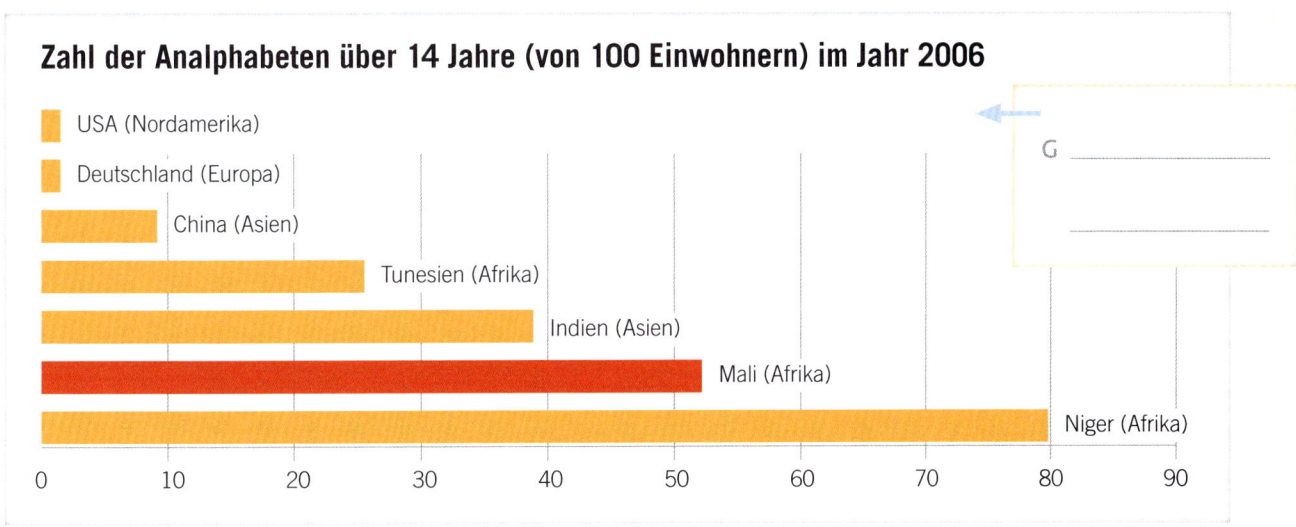

Zahl der Analphabeten über 14 Jahre (von 100 Einwohnern) im Jahr 2006

- USA (Nordamerika)
- Deutschland (Europa)
- China (Asien)
- Tunesien (Afrika)
- Indien (Asien)
- Mali (Afrika)
- Niger (Afrika)

G _____

_____

●●○ **2** **Lies den Text nun zügig durch. Haben sich deine Vermutungen bestätigt?**

_____

_____

_____

●●○ **3** **Lies den Text erneut, nun aber genau und sorgfältig. Beantworte anschließend die Frage: Was sind Nomaden?**

Nomaden sind Menschen, die ... _____

_____

_____

_____

_____

● ● ○ 4 **Begründe, warum die Zahl der Kinder, die eine Schule besuchen, in Mali sehr gering ist.**
Schreibe dazu den folgenden Text in dein Heft und fülle dabei die Lücken.

In ? gehen nur wenige Kinder zur ? , weil es sehr wenige ? gibt. Das führt dazu, dass die ? große ? zurücklegen müssen, um den ? besuchen zu können. Doch auch das ist oft nicht möglich, da die ? nach wenigen Wochen weiterziehen und ihre Kinder nicht ? wollen. Außerdem erwarten viele Eltern von ihren Kindern, dass sie ? .

● ● ○ 5 **Beantworte die folgenden Fragen in vollständigen Sätzen in deinem Heft. Denke an Begründungen.**

A Wie versucht die Welthungerhilfe, das Problem zu lösen, dass in Mali sehr viele Menschen nicht lesen und schreiben können (Analphabeten sind)?

B Woran lässt sich im Text ablesen, dass die mobilen Schulen in Mali ein voller Erfolg sind?

C Warum ist die Zahl der Jungen in mobilen Schulen gering und wie will die Welthungerhilfe das ändern?

Schlüsselwörter helfen dir:
- Markiere zunächst die Schlüsselwörter in den Fragen.
- Suche dann die entsprechenden Schlüsselwörter im Text.
- Beantworte nun mit Hilfe deiner Schlüsselwörter die Fragen.

Methode	Diagramme lesen und verstehen

Beim Lesen eines Diagramms könnt ihr so vorgehen:
- Lest zunächst die **Überschrift** des Diagramms: Worüber informiert es?
- Betrachtet die **Zahlenwerte** im Diagramm: In welchen Einheiten sind sie angegeben?
- Lest ab, welche Informationen gegeben werden, und **vergleicht die einzelnen Angaben** miteinander: Welche Werte sind am höchsten, welche am niedrigsten? Wie groß sind die Unterschiede?
- **Fasst zusammen,** was im Diagramm gezeigt wird. Was lässt sich mit Hilfe der Ergebnisse insgesamt zum Thema sagen?
- Ist das Diagramm neben einem Text abgebildet, müsst ihr seine Aussage in **Bezug zum Text** bringen: Welcher Textabschnitt wird durch das Diagramm bestätigt oder widerlegt?

● ● ○ 6 **Schau dir das Diagramm auf Seite 35 genau an. Beantworte dann folgende Fragen.**

A Welche Aussage im Text findest du durch die Angaben im Diagramm bestätigt?

B Vergleiche die Balken und ihre Länge. Was wird damit veranschaulicht?

● ● ○ 7 **Formuliere drei weitere Aussagen, die du aus dem Diagramm herauslesen kannst.**

Stärken stärken: Das Layout untersuchen, einen eigenen Sachtext verfassen

●●● 1 Lies den Text auf S. 34 und 35 und bearbeite anschließend die Aufgaben 4 bis 7 auf Seite 36.

●●● 2 Untersuche das Layout (die Gestaltung) des Textes auf den Seiten 34/35.
   a Rufe dir ins Gedächtnis, was die Fachbegriffe jeweils bedeuten. Ordne zu.
   b Trage die Begriffe in die leeren Kästen neben dem Text ein.

Titel/Überschrift
Untertitel (Lead)
Zwischenüberschrift
Foto
Diagramm
Bildunterschrift
Quellenangabe

macht den Text anschaulicher
gibt an, wo der Text erschienen ist
soll Aufmerksamkeit erregen
weckt Neugier, gibt einen Ausblick auf den Inhalt des Textes
veranschaulicht Fakten und Zahlen
weist auf Inhalt des nächsten Absatzes hin
gibt Informationen zum Foto

●●● 3 Verfasse für deine Schülerzeitung nun selbst einen kurzen Artikel zum Thema. Erarbeite zunächst den Hauptteil deines Textes.
   a Erstelle dazu einen Schreibplan und überlege dir eine sinnvolle Reihenfolge für die Informationen, die du vermitteln möchtest.

> Der Hauptteil deines Textes gibt Antworten auf die wichtigsten **W-Fragen:**
> Was? Wo? Wer? Wann? Wie? Warum?

Was ist das Thema?   *Nomadentum in Mali und Schule*

Wo?   *im Norden Malis, einem Staat in Westafrika*

Wer?

…

…

   b Schreibe anschließend deinen Text in dein Heft.

> **Sprachliche Mittel:**
> ■ Bleibe sachlich. Verzichte auf Gefühle,
> ■ Schreibe im Präsens.
> ■ Verwende abwechslungsreiche Satzfänge.

●●●● 4 **Suche einen Titel, der deine Ausführungen auf den Punkt bringt und neugierig macht.**

_____

●●● 5 **Formuliere einen Untertitel. Er soll einen kurzen Ausblick auf den Inhalt deines Textes geben.**

_____

_____

●●●● 6 **Schreibe eine Einleitung mit Hilfe des Tipps rechts.**

> In der **Einleitung** nennst du Autor/in, Titel, Textsorte und das Thema des Textes.

_____

_____

_____

_____

_____

●●● 7 **Nun fehlt deinem Text nur noch ein Schluss.**
a **Kreuze an, welche Meinung du zu mobilen Schulen hast.**

Schulen für Nomadenkinder finde ich ...

☐ äußerst wichtig.   ☐ notwendig.   ☐ übertrieben.   ☐ überflüssig.

b **Überlege dir einen passenden Schlusssatz. Begründe deine Meinung. Hier findest du Formulierungen, die du dafür verwenden kannst.**

Formulierungen

Abschließend ist festzustellen, dass ... • Über mobile Schulen wusste ich ... • Außerdem kann man sagen ...

_____

_____

_____

_____

8 **Suche ein aussagekräftiges Bild zu deinem Text. Schneide es aus, klebe es auf und ergänze eine passende Bildunterschrift.**

Teste dich!

Sachtexte

Mali

Mali ist ein in Westafrika gelegener Staat und grenzt im Nordwesten an Mauretanien, im Norden an Algerien, im Osten an Niger, im Südosten an Burkina Faso, im Süden an die Elfenbeinküste und Guinea und im Westen an Senegal. Mali gehört zu den ärmsten Ländern der Welt, die durchschnittliche Lebenserwartung liegt bei 49 Jahren, jeder Zweite der über 14-Jährigen kann nicht lesen oder schreiben, jedes dritte Kind unter 5 Jahren ist unterernährt und nur jeder Dritte hat Zugang zu sauberem Trinkwasser.

1 **Weise nach, dass es sich bei dem Text oben um einen Sachtext handelt. Kreuze Zutreffendes an. (3 P.)**

☐ Der Text informiert. ☐ Der Text ist spannend.

☐ Der Text ist sachlich. ☐ Der Text enthält Gefühle.

☐ Der Text erzählt. ☐ Der Text enthält keine Wertung oder eigene Meinung.

2 **Nenne vier Inhalte, über die der Text informiert. Notiere Stichworte. (4 P.)**

_____

_____

_____

_____

3 **Markiere den Satz im Text, auf den sich die Karte rechts bezieht. (1 P.)**

4 **Lies den folgenden Schülertext und vergleiche ihn genau mit dem Sachtext über Mali. Unterstreiche im Schülertext drei Informationen, die nicht ganz exakt sind. (3 P.)**

Mali ist ein westafrikanisches Land. Es gehört zu den ärmsten Ländern in Afrika. Im Durchschnitt werden die Einwohner Malis nur 49 Jahre alt. Jeder Dritte, der älter ist als 14, ist Analphabet. Jeder dritte Bewohner ist unterernährt und nur jeder Dritte kommt an sauberes Trinkwasser.

Vergleiche deine Ergebnisse mit dem Lösungsheft. Für jede richtige Antwort erhältst du einen Punkt.

☺ **11–9 Punkte**

Gut gemacht!

☺ **8–4 Punkte**

Gar nicht schlecht, lies dir aber die Tipps und Merkkästen auf den Seiten 33, 36 und 37 noch einmal genau durch.

☹ **3–0 Punkte**

Arbeite die Seiten dieses Kapitels noch einmal sorgfältig durch.

Was kannst du schon? – Grammatik

1 **Um welche Wortart handelt es sich?**
Kreuze an. (9 P.)

	über	Paris	hoch	Turm	erbaut	Eisen	dieser	der	auf
Nomen	☐	☐	☐	☐	☐	☐	☐	☐	☐
Verb	☐	☐	☐	☐	☐	☐	☐	☐	☐
Adjektiv	☐	☐	☐	☐	☐	☐	☐	☐	☐
Artikel	☐	☐	☐	☐	☐	☐	☐	☐	☐
Pronomen	☐	☐	☐	☐	☐	☐	☐	☐	☐
Präposition	☐	☐	☐	☐	☐	☐	☐	☐	☐

2 **Kreuze die richtigen Aussagen zu den Wortarten an. (10 P.)**

kann man ...	Nomen	Verben	Adjektive	Präpositionen	Konjunktionen
... in Singular/Plural setzen	☐	☐	☐	☐	☐
... konjugieren	☐	☐	☐	☐	☐
... steigern	☐	☐	☐	☐	☐
... in die vier Fälle setzen	☐	☐	☐	☐	☐
... deklinieren	☐	☐	☐	☐	☐
... durch Pronomen ersetzen	☐	☐	☐	☐	☐

3 **Setze die Verben in die richtigen Zeitformen (Präsens, Präteritum). (5 P.)**

Gustave Eiffel _____ | erbauen | in den Jah-

ren 1887 bis 1889 seinen berühmten Turm. Er _____

| entwerfen | ihn als Eingangsportal und Aussichtsturm für die Weltausstel-

lung in Paris. Mit seinen 324 Metern _____ | sein | der Eisen-

fachwerkturm bis zur Fertigstellung des Chrysler Building 1930 in New York City

das höchste Bauwerk der Welt. Heute _____ | zählen |

der Eiffelturm zweifelsohne zu den berühmtesten Bauwerken. Wohl jeder

_____ | kennen | ihn.

4 Lies die Sätze 1 bis 4 sorgfältig. Kreuze jeweils an, ob die Aussagen A bis H richtig oder falsch sind. (8 P.)

1 Die Geschichte des Hörfunks und des Fernsehens ist eng mit dem Eiffelturm verbunden.
2 Der Eiffelturm diente 1921 als Sendeturm für die Ausstrahlung des ersten europäischen Radioprogramms.
3 Das erste französische Fernsehprogramm wurde von seinem Sendemast ausgestrahlt.
4 Im Großraum Paris ist der Eiffelturm noch heute die wichtigste Sendeanlage.

richtig falsch

A Der erste Satz besteht aus fünf Satzgliedern. ⎕ ⎕

B Im zweiten Satz steht das Subjekt an der dritten Satzgliedstelle. ⎕ ⎕

C Im vierten Satz bildet das Prädikat eine Satzklammer. ⎕ ⎕

D Alle vier Sätze enthalten ein Subjekt. ⎕ ⎕

E Im dritten Satz steht das Objekt an erster Satzgliedstelle. ⎕ ⎕

F Das vierte Wort im vierten Satz ist das Prädikat. ⎕ ⎕

G Der erste und der zweite Satz enthalten zweiteilige Prädikate. ⎕ ⎕

H Der vierte Satz enthält eine adverbiale Bestimmung des Ortes und der Zeit . ⎕ ⎕

5 a Setze in den Sprechblasen die passenden Satzzeichen ein. (3 P.)
b Verändere jeden Satz passend zum rechts vorgegebenen Satzzeichen.
Schreibe die umformulierten Sätze auf die Linien. (3 P.)

A Der Eiffelturm sollte nach zwanzig Jahren abgerissen werden ____

_____
_____ ?

B Das ist wirklich wahr ____

_____ ?

C Dieser Turm ist hässlich ____

_____ ?

6 a Prüfe deine Lösungen mit Hilfe des Lösungshefts.
b Trage ein, wie du die Aufgaben bewältigt hast: ✓ = das Meiste richtig   ⸮ = noch etwas unsicher

Aufgabe	1	2	3	4	5
Weitere Übungen:	Seite 42–53	Seite 42–53	Seite 50–53	Seite 57–64	Seite 65

Wörter und Wortarten – Auf den Spuren Gullivers

Nomen

Information **Das Nomen** (auch: Hauptwort, Substantiv; Plural: die Nomen)

- Nomen erkennt man anhand der **Artikelprobe:** Kannst du einen Artikel vor ein Wort stellen, dann handelt es sich um ein **Nomen.**
- Jedes Nomen hat ein **Genus** (grammatisches Geschlecht). Man erkennt es am Artikel: *der (m = Maskulinum), die (f = Femininum), das (n = Neutrum).*
- Nomen haben einen **Numerus.** Die meisten gibt es im **Singular** und im **Plural:** *das Schiff – die Schiffe.* In Sätzen steht das Nomen in einem bestimmten **Kasus (Fall).** Dieser kann durch Fragen ermittelt werden.
  - **Nominativ *(Wer oder was?):*** *Das Schiff ist gestrandet.*
  - **Genitiv *(Wessen?):*** *Das Schiff der Seeleute muss repariert werden.*
  - **Dativ *(Wem?):*** *Dem Segel fehlt Wind.*
  - **Akkusativ *(Wen oder was?):*** *Das Schiff muss die Insel verlassen.*

1 **a** Unterstreiche im kursiv gedruckten Textabschnitt alle 13 Nomen (ohne die Namen) und setze sie in die richtige Schreibweise.

b Im zweiten Absatz fehlen zum Teil die Nomenendungen. Ergänze diese.

„Gullivers R*reisen" ist das bekannteste werk des irischen schriftstellers Jonathan Swift. In diesem buch wird von den vier fantastischen reisen Lemuel Gullivers berichtet. Im ersten teil seiner abenteuer heuert Gulliver als arzt auf einem schiff an, das jedoch bald in einen sturm gerät und kentert. Als einziger überlebender dieses unglücks strandet er auf einer insel.*

Nachdem er aus seiner Bewusstlosigkeit erwacht war, erkannte er, dass er an den Bein_____, Arm_____ und

Haar_____ mit Schnür_____ an die Erde gefesselt war. Auf seinem ganzen Körper spürte er kleine Winz-

ling_____ herumklettern.

2 Übertrage die Tabelle in dein Heft. Ordne dann die Nomen des zweiten Absatzes im Singular in die Tabelle ein. Füge jeweils den bestimmten Artikel hinzu.

Maskulinum	Femininum	Neutrum
...	*die Bewusstlosigkeit,*	...

3 Notiere Wörter aus dem Text, die im Singular und Plural gleich geschrieben werden.

_____

_____

Adjektive

> **Information**   **Das Adjektiv** (Eigenschaftswort; Plural: die Adjektive)
>
> **Adjektive** drücken aus, wie etwas ist. Sie beschreiben **Eigenschaften** von Lebewesen, Dingen, Vorgängen und Gefühlen genau, z. B.: *der alte Besen, der braungelbe Besen, der brandneue Besen.*
> - Adjektive werden **kleingeschrieben.**
> - Ein Adjektiv vor einem Nomen wird **mit dem Nomen dekliniert,** z. B.: *der liebe Hund, des lieben Hundes.*
> - Adjektive kann man meist **steigern,** z. B.: *schnell* (Positiv/Grundform), *schneller* (Komparativ / 1. Steigerungsstufe), *am schnellsten* (Superlativ / 2. Steigerungsstufe).

1 Unterstreiche im folgenden Text alle Adjektive im Positiv <u>blau</u>, im Komparativ <u>orange</u> und im Superlativ <u>grün</u>.

Seltsames Lilliput

In Lilliput erfährt der <u>neugierige</u> Gulliver die seltsamsten Geschichten. So wird von einem gefährlichen Streit zwischen Lilliput und den Be-
⁵ wohnern Blefuscus erzählt. Der Grund: Der Großvater des Kaisers von Lilliput schnitt sich einst beim Öffnen eines Eies an der breiteren Seite in den Finger. Er verfügte dar-
¹⁰ aufhin, dass alle seine Untertanen ihre Eier am spitzen Ende öffnen müssten. Dies führte in Lilliput zu einem Streit zwischen den Nachbarn. Die Herrscher Blefuscus warfen den Lilliputa-

nern dabei vor, gegen ihren größten Propheten zu verstoßen. Dieser hat-¹⁵ te geschrieben: Alle wahren Gläubigen schlagen ihr Ei am bequemeren Ende auf. Am merkwürdigsten erscheint Gulliver jedoch das Bestattungsritual der Liliputaner: So glau-²⁰ ben sie fest daran, dass ihre Toten auferstehen werden, wenn sich die scheibenförmige Erde gedreht hat.

Deswegen bestatten sie ihre Toten mit den Köpfen nach unten. So würden sie sogleich auf ihren Füßen ²⁵ stehen.

2 Bilde zu sieben der oben unterstrichenen Adjektive die fehlenden Vergleichsformen. Schreibe in dein Heft.

Positiv	Komparativ	Superlativ
neugierig	*neugieriger*	...

> Mit Hilfe von Adjektiven kann man Lebewesen oder Gegenstände miteinander vergleichen.
> Vergleiche in der **Grundform** (Positiv) werden mit **wie** gebildet, z. B.: *so schnell wie du.*
> Vergleiche auf der **1. Steigerungsstufe** (Komparativ) werden mit **als** gebildet, z. B.: *schneller als du.*

3 Nicht alle Adjektive im Text lassen sich steigern. Notiere die beiden nicht steigerbaren Adjektive.

Pronomen

Personal- und Possessivpronomen

- **Personalpronomen** (persönliche Fürwörter) können im Satz **Nomen** (dazu gehören auch Eigennamen) ersetzen: *ich, du, er/sie/es, wir ihr sie;* z. B.: *Kennst du Gulliver? – Er ist eine Romanfigur.*
- **Possessivpronomen** (besitzanzeigende Fürwörter) geben an, **(zu) wem etwas gehört:** *mein/meine, dein/deine, sein/seine, ihr/ihre, unser/unsre, euer/eure, ihr/ihre.* Possessivpronomen begleiten meist Nomen und stehen dann im gleichen Kasus (Fall) wie das dazugehörige Nomen, z. B.: *Ist das dein Buch?*

1 **a** Setze in den folgenden Text über Gullivers Reise nach Brobdingnag passende Personalpronomen ein.

 b Im Text sind auch drei Possessivpronomen versteckt. Umkreise sie.

Zwei Monate nach seiner Rückkehr nach England zieht es _____ erneut zur See. Doch sein Schiff gerät in

Seenot und _____ landet an einem unbekannten Ufer. Bald darauf findet _____ sich in einem Feld

wieder, dessen Gerste _____ haushoch überragt. Auf dem Feld arbeiten Riesen mit ihren großen Sensen.

_____ entdecken Gulliver und nehmen _____ mit.

Demonstrativpronomen

Demonstrativpronomen (hinweisende Fürwörter) weisen besonders deutlich auf eine Person oder eine Sache hin. Sie können Begleiter eines Nomens sein oder für ein Nomen stehen:
- *der, die, das,* z. B.: *Siehst du den Zwerg? Der da hinten hat sich versteckt.*
- *dieser, diese, dieses,* z. B.: *Dieser Riese ist besonders groß.*
- *solcher, solche, solches,* z. B.: *Gulliver hat solche Angst, dass er zittert.*

2 Setze passende Demonstrativpronomen in die Lücken. So erfährst du, wie es Gulliver im Land der Riesen ergeht.

Gulliver lebt fortan bei den Riesen. _____ lehren ihn die Sprache von Brobdingnag. Ein Farmer nimmt

Gulliver mit auf den Markt. _____ führt dort Kunststücke vor. Eines Tages wird Gulliver der Königin von

Brobdingnag vorgestellt. _____ ist von ihm sehr angetan und kauft ihn dem Farmer ab.

Relativpronomen

Relativpronomen leiten Nebensätze ein und beziehen sich auf Wörter oder Wortgruppen des Hauptsatzes. Mit Relativsätzen kann man etwas genauer beschreiben und Wortwiederholungen vermeiden. Die Personalform des Verbs steht wie in allen Nebensätzen am Satzende, z. B.:
*Der winzige **Gulliver,** der nun am Hof der Riesen wohnte, lebte nicht ungefährlich.*

Bezugswort   Relativsatz

3 Verbinde die Hauptsätze in deinem Heft zu einem Satzgefüge. Nutze jeweils das angegebene Relativpronomen.

 A Gulliver wird von einem Hofzwerg in eine Schüssel geworfen. Die Schüssel ist mit Sahne gefüllt. (welche)

 B Gulliver befreit sich jedoch. Gulliver kann sich schwimmend an der Oberfläche halten. (der)

 C Gulliver kämpft gegen riesige Wespen. Die Wespen wurden vom süßen Kuchenduft angelockt. (die)

Stärken stärken: Pronomen

●○○ 1   **Markiere im Text alle Pronomen. Schreibe diese dann in die passende Zeile.**

Am Ende <u>seines</u> Aufenthaltes in Brobdingnag wird er an die Küste gebracht. Ein Diener des Königs setzt ihn dort in seiner Reiseschachtel an den Strand. Im selben Augenblick taucht ein Adler auf. Der Adler ergreift die Schachtel und fliegt mit ihr davon. Dieser lässt die Schachtel mitsamt Gulliver über der offenen See fallen. Die Besatzung eines Schiffes rettet ihn schließlich. Die Besatzung wird auf jenes schwimmende Objekt aufmerksam. Den Matrosen, die seinen Worten ungläubig lauschen, berichtet er von seinen Abenteuern im Land der Riesen.

Personalpronomen: _____

Possessivpronomen: *seines,* _____

Demonstrativpronomen: _____

Relativpronomen: _____

●●○ 2   **Verbessere den Text aus Aufgabe 1. Gehe so vor:**
– Setze im ersten Satz und im letzten Satz an geeigneter Stelle den Namen „Gulliver" ein.
  Streiche dafür jeweils ein Pronomen durch und schreibe über oder unter die Zeile.
– Vermeide Wortwiederholungen, indem du die markierten Sätze jeweils durch ein Relativpronomen
  verbindest.

1. Relativsatz: _____

_____

2. Relativsatz: _____

_____

●●● 3   **Kaum gerettet, befindet sich Gulliver erneut in Seenot.**
Beschreibe mit Hilfe des Bildes und der folgenden Formulierungs-
bausteine in vier Sätzen, was Gulliver und seine neue Besatzung im
Sturm erleben.
Verwende in deinen Sätzen Personal-, Possessiv-, Demonstrativ-
und Relativpronomen. Arbeite in deinem Heft.

Formulierungsbausteine

turmhohe Wellen • gefährliche Schräglage •
Wasser schöpfen • zerfetzte Segel

Präpositionen

> **Information**   **Die Präposition** (Verhältniswort; Plural: die Präpositionen)
>
> **Präpositionen** zeigen die **Beziehungen** zwischen Lebewesen, Dingen oder Vorgängen an:
> - **lokal** (Wo? Wohin?): *neben dem Palast, auf dem Schiff, zwischen den Bäumen*
> - **temporal** (Wann?): *vor seiner Reise, während des Aufenthalts, nach dem Kampf*
> - **kausal** (Warum?): *auf Grund seiner Fähigkeiten, wegen einer Verabredung*
> - **modal** (Wie?): *mit seinen Begleitern, ohne sein Schiff, aus Freude*
>
> Präpositionen stehen meist vor Nomen und Pronomen.
> Sie können mit einem Artikel verschmelzen: *in das Haus → ins Haus, in dem Garten → im Garten.*

1   **a**   Wähle im ersten Absatz (A) die passende Präposition aus.
Streiche die falsche durch.

      b   Setze im zweiten Absatz (B) passende Präpositionen aus dem Wortspeicher ein.

●●●   **c**   Ergänze im dritten Absatz (C) passende Präpositionen.

Gullivers dritte Reise nach Laputa

A Auf seiner dritten Reise wird Gullivers Schiff von | durch Piraten überfallen, die ihn auf | in einem Boot mit | von Proviant in | auf offener See aussetzen. Nach | durch längerer Irrfahrt erreicht er schließlich Land. Da bemerkt er, dass die Sonne seltsam verdunkelt ist. Der

5 Grund ist eine in der Luft schwebende Insel. Mit | durch lautes Rufen macht er die Bewohner der fliegenden Insel von | auf sich aufmerksam. Durch | mit einer Kette wird er auf | an die fliegende Insel gezogen.

B _____ ihr trifft Gulliver _____ seltsame Wesen,

die alle den Kopf _____ der einen oder der anderen Seite

10 neigen und _____ einem Auge _____ innen,

_____ dem anderen _____ oben blicken. Gulliver

wird _____ König der Insel geführt.

> **Wortspeicher**
>
> mit • auf • nach • auf •
> zu • nach • mit • zum

C Gulliver erfährt, dass die schwebende kreisförmige Insel Laputa heißt. _____ der Mitte hat sie

einen Magneten, _____ dessen Kraft die Insel bewegt wird. Wenn der König eine Gegend

15 _____ der darunterliegenden Insel Balnibarbi bestrafen will, braucht er nur die schwebende Insel

_____ sie zu führen und ihr dadurch Sonne und Regen zu nehmen. Da Gulliver das Leben

_____ Laputa _____ nur kürzester Zeit langweilt, wird er _____ einem

Berg Balnibarbis abgesetzt.

Stärken stärken: Präpositionen

Information	Präpositionen fordern einen bestimmten Kasus

Die **Präposition** bestimmt den **Kasus** (Fall) des folgenden Nomens oder Pronomens.
- **Genitiv:** *Während seiner Reise* erlebte Gulliver viel. *Trotz aller Gefahren* überlebte er stets.
- **Dativ:** Gulliver fragt *nach dem Weg*. Er will *mit dem Schiff* zur See fahren.
- **Akkusativ:** Gulliver arbeitete *für den König*. Gulliver reitet *durch den Wald*.

Nach den Präpositionen *an, auf, hinter, in, neben, über, unter, vor, zwischen* können unterschiedliche Kasus stehen.

●○○ **1** Ergänze im folgenden Text über Gullivers Abenteuer in Balnibarbi die passenden Präpositionen aus dem Wortspeicher und setze die Wörter in Klammern im richtigen Kasus ein.

Gullivers Reise nach Balnibarbi

Wortspeicher

nach • in •
vor • nach •
unter • in

Gulliver begibt sich _____

(1 die balnibarbische Hauptstadt Lagado). Dort erfährt er, dass _____

_____ (2 vierzig Jahre) einige Leute _____ (3 Laputa)

gegangen seien und _____ (4 ihre Rückkehr) alle Wissen-

schaften und Sprachen auf eine neue Grundlage stellen wollten. Dafür haben sich die

Professoren _____ (5 eine neu

gegründete Akademie) versammelt, um besondere Methoden zu entwickeln. So ent-

deckt Gulliver _____ (6 die Professoren) ei-

nen Wissenschaftler, der versucht, Sonnenlicht aus Gurken zu gewinnen.

1 _____
2 _____
3 _____
4 _____
5 _____
6 _____

●●○ **2** Bearbeite Aufgabe 1 und bestimme anschließend in allen sechs Fällen den Kasus nach der Präposition. Schreibe auf die Zeilen rechts neben dem Text. Umkreise außerdem drei weitere Präpositionen im Text.

●●● **3** Setze passende Präpositionen ein und bestimme jeweils den Kasus des folgenden Nomens oder Pronomens, indem du *G* (Genitiv), *D* (Dativ) oder *A* (Akkusativ) in die Klammern schreibst.

_____ der Akademie (__) stieß Gulliver _____ Wissenschaftler (__), die _____ einem Sprachprojekt

(__) arbeiteten, das den Zweck verfolgte, ihre Sprache zu verbessern. So forschte der erste daran, alle Verben

und Partizipien völlig _____ dem Sprachgebrauch (__) zu tilgen; der andere versuchte, alle Wörter abzu-

schaffen. Jeder sollte einfach die Dinge selbst _____ sich (__) herumtragen und _____ Bedarf (__) zeigen.

_____ diese Weise (__) würde auch eine allgemeine Weltsprache entstehen, die jeder verstehen könnte.

Teste dich!

Wortarten: Nomen, Pronomen, Präpositionen

1 Bestimme den Kasus (N, G, D, A) und das Genus (m, f oder n) der unterstrichenen Nomen. (16 P.)

Fantastische Reiseabenteuer (N, n) faszinierten die Leser (_____ , ___) schon immer. In der Antike begeis-

terten die Fahrten (_____ , ___) des Odysseus (_____ , ___) die Menschen (_____ , ___). Auf seiner Irr-

fahrt begegnete er fantastischen Wesen (_____ , ___) wie dem einäugigen Riesen Polyphem oder der Hexe

Kirke (_____ , ___), die Teile seiner Mannschaft in Schweine (_____ , ___) verwandelte. Auch Seeungeheuer

(_____ , ___) fehlten in dieser Geschichte nicht.

2 **a** Ergänze in Text A die Pronomen. Achte darauf, sie in den richtigen Kasus zu setzen. (7 P.)
   b Bestimme die von dir ausgewählten Pronomen in den Klammern dahinter
   (P = Personalpronomen, Poss = Possessivpronomen, D = Demonstrativpronomen,
   R = Relativpronomen). (7 P.)
   c Entscheide dich im Text B für die richtige Form nach der Präposition.
   Streiche die falsche durch. (5 P.)

A Jules Verne war ein Meister fantastischer Erzäh-

lungen. In _____ (_____) Roman „Reise

zum Mittelpunkt der Erde" erzählt _____

(_____) die Geschichte eines Professors,

_____ (_____) mit _____ (_____)

Gefährten durch den Krater eines Vulkans zum

Mittelpunkt der Erde hinabsteigt. _____

(_____) Expedition entführt _____

(_____) in eine Welt, _____ (_____)

voller fantastischer Abenteuer steckt.

B Auf ein | einem Floß überqueren sie ein unter-
irdisches Meer. Während ihren | ihrer Floßfahrt
begegnen ihnen riesige Dinosaurier. Sie sehen
auf ihrer weiterer | weiteren Reise längst aus-
gestorbene Tier- und Pflanzenarten. Infolge
dem Ausbruch | des Ausbruchs eines Vulkans
werden sie zurück an die Erdoberfläche be-
fördert. Außerhalb dem Vulkan | des Vulkans
finden sie sich in Italien wieder.

Vergleiche deine Ergebnisse mit dem Lösungsheft. Für jede richtige Antwort erhältst du einen Punkt.

☺ 35–28 Punkte	☺ 27–18 Punkte	☹ 17–0 Punkte
Gut gemacht!	Gar nicht schlecht, aber lies dir die Merkkästen auf den Seiten 42 bis 47 noch einmal genau durch.	Arbeite die Seiten dieses Kapitels noch einmal sorgfältig durch.

Das Verb

Das Verb (Zeitwort, Tätigkeitswort; Plural: die Verben)

Verben geben an, was jemand tut *(er geht)* oder was geschieht *(es regnet)*.
Der **Infinitiv** (Grundform) eines Verbs hat die Endung **-(e)n,** z. B.: *gehen, lachen, klettern.*
In Sätzen wird die **Personalform** des Verbs gebildet. Das nennt man **konjugieren** (beugen).

	Singular	Plural
1. Person	*ich esse*	*wir essen*
2. Person	*du isst*	*ihr esst*
3. Person	*er/sie/es isst*	*sie essen*

1 Konjugiere folgende Verben: **gehen, braten.**

	Singular	Plural			Singular	Plural
1. Pers.	_____	_____		1. Pers.	_____	_____
2. Pers.	_____	_____		2. Pers.	_____	_____
3. Pers.	_____	_____		3. Pers.	_____	_____

Das Partizip

Partizipien sind Verbformen, die wie Adjektive Eigenschaften von Nomen benennen können.
- **Partizip I** = Partizip Präsens (Partizip der Gegenwart), z. B.: *lachend, rufend*
- **Partizip II** = Partizip Perfekt (Partizip der Vergangenheit), z. B.: *vergessen, verlassen, gegessen*
  Das Partizip II wird auch bei der Bildung von Perfekt und Plusquamperfekt eingesetzt:
  Perfekt: *Ich habe das Buch vergessen. Er hat den Kuchen gegessen.*
  Plusquamperfekt: *Ich hatte das Buch vergessen. Er hatte den Kuchen gegessen.*

2 a Vervollständige die Tabelle. Trage jeweils das richtige Partizip ein.

Infinitiv	Partizip I	Partizip II
lachen	*lachend*	_____
trödeln	_____	_____
lieben	_____	_____

b Ergänze die Angaben auf der Einkaufsliste mit Hilfe der Infinitive in den Klammern, z. B.: *gefüllte Weinblätter.*
Welches Partizip musst du jeweils bilden?

_____

_____

Schinken (kochen)
Erdnüsse (rösten)
Käse (reiben)

Zeitformen des Verbs

Information Präsens, Präteritum, Perfekt

Verben lassen sich in **verschiedene Zeitformen (Tempora)** setzen:

- Verben im **Präsens** drücken aus, was gerade passiert, was immer gültig ist oder was zukünftig geschehen wird: *Ich lese gerade. Ich lese gerne. Morgen lese ich ein anderes Buch.*
- Verben im **Präteritum** sagen, was bereits geschehen ist. Das Präteritum benutzt man vor allem **beim schriftlichen Berichten und Erzählen.** Bei **regelmäßigen Verben** wird an den Wortstamm ein *-te* angehängt, bei **unregelmäßigen Verben** verändert sich der Stammvokal: *Weil es regnete* (Wortstamm + *te*, regelmäßiges Verb), *las ich* (*lesen → las*, unregelmäßiges Verb) *ein Buch.*
- Das **Perfekt** verwendet man vor allem **beim mündlichen Erzählen von Vergangenem.** Es wird mit den Präsensformen von *haben* und *sein* und dem *Partizip II* des Verbs gebildet: *Ich habe gestern ein langweiliges Buch gelesen. Dabei bin ich eingeschlafen.*

---

1 Unterstreiche in dem Text die verschiedenen Zeitformen mit unterschiedlichen Farben: Präsens = schwarz, Perfekt = blau, Präteritum = grün.

Enid Blyton

Die Geisterstimme

Philip Mannering lag der Länge nach unter einem Baum und löste Mathematikaufgaben. Niemand war in der Nähe und doch hörte er eine Stimme, die ganz deutlich zu ihm sprach. „Kannst du nicht die Tür zu-
5 machen, du Idiot!", sagte jemand in äußerst unge-duldigem Ton. „Und wie oft habe ich dir gesagt, du sollst dir die Füße abtreten!"
Philip richtete sich auf und suchte den Hügel, auf dem er sich befand, sorgfältig mit den Augen ab.
10 Aber er konnte keine Menschenseele entdecken. „So was Blödes", sagte Philip zu sich selbst. „Hier ist doch keine Tür, die man zumachen kann, und keine Matte, an der man sich die Füße abtreten kann. Wer da spricht, muss völlig verrückt sein. Auf alle Fälle
15 mag ich es nicht. Eine Stimme ohne Körper ist ir-gendwie unheimlich."
„Mach die Tür zu, du Idiot!", schrie die Stimme aus dem Nichts. „Und schnüffele nicht. Wo ist dein Ta-schentuch?" Das war zu viel für Philip. Er schrie zu-
20 rück: „Halt den Mund! Ich schnüffele nicht. Wo bist du überhaupt?"
Keine Antwort. Philip wusste nicht, was er davon

halten sollte. Er rief: „Wo bist du? Komm hervor, dass ich dich sehen kann." „Ich habe dir nicht nur einmal, sondern bereits ein Dutzend Mal gesagt, du sollst
25 nicht pfeifen", antwortete die Stimme wütend. Philip schwieg vor Staunen. Da sprach die Stimme wieder, diesmal direkt über seinem Kopf. „Wie oft habe ich dir gesagt, du sollst dir die Füße abtreten?" Darauf ertönte ein schauriges Kreischen, sodass Philip vor
30 Schreck die Bücher fallen ließ. Er schaute in den Baum hinauf – und da sah er einen Papagei, weißgrau mit gelbem Kamm, der sich auf und nieder bewegte.

Information Plusquamperfekt

Wenn man von einem Ereignis im Präteritum berichtet und auch noch mitteilen will, was davor geschehen ist, verwendet man dafür das **Plusquamperfekt.** Es wird mit den Präteritumformen von *haben* und *sein* und dem *Partizip II* des Verbs gebildet, Signalwörter sind z. B.: *nachdem* und *bevor*:
Nachdem ich den ersten Harry-Potter-Roman gelesen hatte, war ich gespannt auf die anderen Bücher.

2 Unterstreiche im folgenden Text die Verben im Präteritum grün und die im Plusquamperfekt braun.

Enid Blyton

Lucy, Jack und Kiki

Philip hatte im vorigen Schuljahr Scharlach und gleich darauf Bronchitis gehabt und hatte deshalb viel Unterricht versäumt. Sein Klassenlehrer hatte Philips Mutter vorgeschlagen, ihn über die Sommerferien zu
5 einem Lehrer ins Haus zu geben, damit er dort das Versäumte nachholte. Sehr zu Philips Missfallen hatte sie sofort zugestimmt. Und so kam Philip für einige Wochen bei einem Lehrer namens Mr. Roy unter. Er mochte Mr. Roy, langweilte sich aber mit den bei-
10 den anderen Jungen, die auch infolge von Krankheit bei Mr. Roy Nachhilfeunterricht hatten. Der eine war viel älter als Philip und der andere erwies sich als ein weinerlicher Langweiler, ständig in Angst vor den verschiedenen Insekten und anderen Tieren, die Philip sammelte oder rettete und dann bei sich trug. 15 Er liebte alle Lebewesen und ging erstaunlich geschickt mit ihnen um.
Voller Neugier, ob ein neuer Schüler angekommen war, eilte Philip den Hügel hinunter. Schon wegen seines Pagageis war der Junge interessant. 20
Sobald er die Gartentür geöffnet hatte, blieb er überrascht stehen. Ein Mädchen stand im Garten ...

| **Information** | **Futur I** |

Wenn man von einem zukünftigen Ereignis berichten will, verwendet man oft das **Futur.**
Das **Futur I** wird mit einer Präsensform von *werden* und dem Infinitiv des Verbs gebildet, z. B.:
Jack, Lucy und Philip <u>*werden*</u> *viel Spaß miteinander* <u>*haben*</u>. *Philip* <u>*wird*</u> *die Zeit mit den beiden* <u>*genießen*</u>.

3 Philip lernt die Geschwister Lucy und Jack kennen, denen der Papagei gehört. Später im Bett macht er sich Gedanken über die bevorstehenden gemeinsamen Ferien mit Lucy und Jack.
a Unterstreiche die Verben in den Gedankenblasen.
b Man kann den Inhalt der Gedankenblasen auch mit Hilfe des Futurs I ausdrücken. Schreibe die Sätze im Futur I in dein Heft. Unterstreiche die Verbformen.

A Lucy und Jack fühlen sich bei Mr. Roy sicher schnell wohl.

B Lucy langweilt sich im Unterricht sicherlich.

C Nach dem Unterricht wandern wir drei zu den Gipfeln der verschiedenen Berge.

D Nach den Ferien stelle ich meiner Mutter meine zwei neuen Freunde vor.

E Ach Mama, du magst die beiden sicherlich auch!

Stärken stärken: Zeitformen des Verbs

●○○ **1**   Schreibe zehn Verbformen auf, die du im Text auf S. 50 unterstrichen hast.
Ergänze jeweils den Infinitiv in Klammern.

Präsens: _____

Perfekt: _____

Präteritum: *lag (liegen),* _____

●●○ **2**   Setze die Infinitive in den Klammern in der richtigen Zeitform ein.
Entscheide dich für Präteritum oder Plusquamperfekt.

Philip *hatte* das Mädchen bis dahin noch nicht in Mr. Roys Haus *gesehen* (sehen). Sein Lehrer _____

auch nichts von ihrer Ankunft _____ (erzählen). Nachdem Philip sich von der Überraschung

_____ (erholen), _____ er das Mädchen _____ (anlächeln)

und _____ (fragen) es nach seinem Namen. Lucy _____ nicht allein zu Mr. Roy

_____ (kommen). Ihr Bruder Jack _____ im vergangenen Schuljahr viel _____

(versäumen), weil er sich im Unterricht wenig Mühe _____ (geben). Die beiden Geschwister

_____ (leben) bei einem Onkel, da die Eltern bereits _____ (sterben).

Dieser Onkel _____ (sein) sehr mürrisch und Kiki, der Papagei, _____ alle unfreundlichen

Bemerkungen des Onkels _____ (lernen). Philip _____ (berichten)

den Geschwistern, wie er Kiki _____ (entdecken). Er _____ (mögen) die beiden.

●●● **3**   Welche Gedanken über die bevorstehende Zeit mit Lucy und Jack könnten Philip noch durch den Kopf gehen?
Betrachte noch einmal das Bild auf S. 51 und überlege dir vier weitere Sätze. Achte auf das Futur I.

F _____

_____

G _____

_____

H _____

_____

I _____

_____

Teste dich!

Zeitformen des Verbs

1 Formuliere die folgenden Sätze in der angegebenen Zeitform. (2 P.)

A *Ich lese ein Buch. (Plusquamperfekt)*

B *Mit meinem Freund ging ich ins Kino. (Perfekt)*

2 Verbinde die jeweilige Verbform mit der korrekten Angabe zu Person und Zeitform mit einer Linie. Ergänze den Infinitiv in Klammern. (10 P.)

ihr hattet gelacht	3. Pers. Pl. Perfekt (_____)
sie haben geworfen	1. Pers. Sg. Präteritum (_____)
ich wünschte	2. Pers. Pl. Plusquamperfekt (*lachen*)
wir sind gekommen	3. Pers. Sg. Futur I (_____)
sie wird denken	1. Pers. Pl. Perfekt (_____)

3 Konjugiere das Verb <u>sein</u> in den verschiedenen Zeitformen. (25 P.)

	Plusquamperfekt	Präteritum	Perfekt	Präsens	Futur I
ich	*war gewesen*	*war*	*bin gewesen*	*bin*	*werde sein*
du					
er/sie/es					
wir					
ihr					
sie					

Vergleiche deine Ergebnisse mit dem Lösungsheft. Für jede richtige Antwort erhältst du einen Punkt.

☺ **37–30 Punkte**	☺ **29–20 Punkte**	☹ **19–0 Punkte**
Gut gemacht!	Gar nicht schlecht, aber lies dir die Merkkästen auf den Seiten 50 bis 53 noch einmal genau durch.	Arbeite die Seiten dieses Kapitels noch einmal sorgfältig durch.

Wortfelder

Wörter mit ähnlicher Bedeutung bilden ein **Wortfeld,** z. B. *sagen, meinen, fragen, antworten, schreien, flüstern* oder *Freude, Heiterkeit, Jubel, Fröhlichkeit, Begeisterung* oder *schnell, rasch, flott, eilig, geschwind.* Die Wörter eines Wortfelds unterscheiden sich in ihrer Bedeutung manchmal kaum. Sie zu verwenden macht jedoch einen Text abwechslungsreicher, lebendiger und genauer.

1 Hier ist einiges durcheinandergeraten. Ordne die Wörter den richtigen Wortfeldern zu:
Male sie mit der Farbe aus, die der Farbtopf des passenden Wortfeldes vorgibt.

spazieren	erbost	verzehren	die Pfütze	das Meer	schleichen
fettig	der Ozean	der Teich	zornig	trödeln	der Tümpel	dreckig
schmatzen	kauen	wütend	staubig	aufgebracht	der See	bummeln
beißen	matschig	schlucken	schlendern	fleckig	der Fluss	sauer

Wortfeld **schmutzig**

Wortfeld **Gewässer**

Wortfeld **essen**

Wortfeld **verärgert**

Wortfeld **langsam gehen**

2 **a** Im folgenden Text hast du mehrere Möglichkeiten, das Verb <u>sein</u> zu vermeiden oder zu umschreiben. Streiche zuerst den Ausdruck durch, der dir am langweiligsten erscheint.
b Entscheide dich dann für die deiner Meinung nach beste Lösung und schreibe den Text in dein Heft.

Auf dem Turm

Heute lacht die Sonne vom Himmel | ist es sehr warm | zeigt das Thermometer 28 Grad im Schatten. Deshalb bin ich | vergnüge ich mich | verbringe ich den Tag im Freibad. Ständig bin | tauche | schwimme ich mit meinen Freunden im Schwimmbecken. Ich bin so ziemlich der Mutigste | nehme allen meinen Mut zusammen | will vor meinen Freunden der Mutigste sein und steige auf das | bin auf dem | klettere auf das 5-Meter-Brett. Aber wenn ich ehrlich bin | die Wahrheit sage | es ehrlich zugebe: Meine Knie sind ganz schön wacklig | zittern enorm | kommen mir butterweich vor. Das Wasser unter mir ist tief | erscheint mir abgrundtief | glitzert gefährlich herauf. „Sei kein Frosch!" | „Jetzt spring schon!" | „Was ist los?", ruft Johannes, der am Beckenrand ist | sitzt | gespannt wartet. Nun habe ich keine Wahl mehr …

3 Finde Wörter aus denselben Wortfeldern, mit denen du <u>langsam</u>, <u>leuchten</u> und <u>die Hose</u> ersetzen kannst.
●●● Schreibe in dein Heft.

Wortfamilien

Wörter einer **Wortfamilie** sind inhaltlich und sprachlich **verwandt,** denn sie haben einen gemeinsamen **Wortstamm,** z. B. *freund.* Sie können verschiedenen Wortarten angehören, die gebildet werden durch:
- **Zusammensetzungen,** z. B.: *Freundeskreis, Schulfreund*
- **Vorsilben**, z. B.: *anfreunden, befreundet* und **Suffixe,** z. B.: *Freundschaft, freundlich*
- Beachte: Aus den Stammlauten kann ein Umlaut werden, z. B.: *Zahl, zählbar* oder *kaufen, verkäuflich.*

1   a   Unterstreiche im folgenden Text alle Wörter aus der Wortfamilie bauen.
   b   Sortiere sie nach Wortarten, setze Nomen in den Nominativ Singular und ergänze den bestimmten Artikel.

Tamtam am Damm

Biber sind brillante Baumeister: Mit ihren scharfen Nagezähnen bringen sie problemlos Bäume zu Fall. Sie bauen Stöcke und Äste zu großen Kuppeln auf, den Biberburgen. Außerdem erbauen sie Dämme, um Flüsse zu stauen, und verwenden dabei alles verbaubare Material. So schützen sie ihre Holzgebäude in ihrem Revier. Ein wahrhaft erbauliches Bauwerk hat der Forscher Jean Thie im Wood-Buffalo-Nationalpark in Kanada entdeckt: einen Damm von rund 850 Metern Länge! Thie vermutet, dass an dieser Baustelle mehrere Generationen von Bibern gebaut und umgebaut haben. Diese Bebauung kann man sogar aus dem Weltall sehen: Jean Thie wurde durch Satellitenfotos auf diesen Biberbau aufmerksam.

Nomen: _____

Adjektive: _____

Verben (im Infinitiv): _____

2   Notiere Nomen, Adjektive und Verben aus der Wortfamilie des Verbs spielen.

_____

_____

3   a   Welche der Wörter stammen aus einer Wortfamilie? Unterstreiche den Wortstamm. Ordne sie einander zu.
   b   Achtung: Ein Wort kann keiner Wortfamilie zugeordnet werden! Markiere es.
   ●●●   c   Notiere Wörter aus der Wortfamilie dieses übrig gebliebenen „Einzelgängers" auf der letzten Linie.

A   *die Verlängerung,* _____

B   _____

C   _____

D   _____

Wortspeicher

~~die Verlängerung~~ • bissig •
schlaff • die Langeweile •
verschlafen • abbeißen •
schläfrig • langsam •
der Schlafwandler • das Gebiss

Wortbildung

Wortbildung: Ableitung

Mit **Präfixen** (Vorsilben) und **Suffixen** (Nachsilben) kann man aus vorhandenen Wörtern **neue Wörter ableiten,** indem man sie dem Wortstamm voranstellt oder anhängt, z. B.: *laufen → entlaufen; Ehre → Ehrung.* Diese Wörter haben dann auch eine neue Bedeutung und helfen dabei, sich genau auszudrücken.

- **Neue Verben** bildet man z. B. mit den Präfixen *be-, ent-, er-, ge-, miss-, ver-, zer-.*
- **Neue Nomen** bildet man z. B. mit den Suffixen *-ung, -heit, -keit, -nis, -schaft, -tum.*
- **Neue Adjektive** bildet man z. B. mit den Suffixen *-bar, -haft -lich, -ig, -sam, -isch.*

1 Ergänze im folgenden Text die Präfixe und Suffixe aus den Wortspeichern. Achte auf Groß- und Kleinschreibung.

Präfixe

er- • zer- • be-

Suffixe

-ige • -ung • -same • -ung • -ung • -heit • -bar • ~~-ung~~

1932 _____ gründete der Däne Ole Kirk Christiansen eine Firma zur Herstell*ung* _____ von Holzspielzeug.

Er gab ihr den Namen „Lego". 1949 kam eine einzigartige Erfind_____ hinzu: farb_____ Kunststoffklötze

mit Noppen. Die _____ fundenen Modelle hatten jedoch einen Nachteil: Sie waren nicht sehr halt_____.

Eine kleine, aber bedeut_____ Änder_____ schuf Abhilfe: In die Unterseite der Steine wurden hohle

Röhren eingebaut. Jetzt blieben die Modelle stabil, sie _____ brachen nicht mehr.

Wortbildung: Zusammensetzung

Zusammensetzungen können aus verschiedenen Wortarten gebildet werden.
Fugenelemente, z. B.: *e, en, es, n, r, s* können die Wörter verbinden.

Wort	+	Fugenelement	+	Wort	=	zusammengesetztes Wort	Wortarten
Schwan	+	en	+	Hals	=	Schwanenhals	Nomen + Nomen
Blitz	+		+	schnell	=	blitzschnell	Nomen + Adjektiv

Die Teile einer Zusammensetzung heißen **Grundwort** und **Bestimmungswort.** Das Grundwort steht immer an letzter Stelle. Es wird durch das Bestimmungswort näher beschrieben und bestimmt die Wortart der Zusammensetzung, z. B.: *Haustier* (Nomen), *Stofftier* (Nomen), *riesengroß* (Adjektiv)

2 Verbinde die Nomen so, dass sinnvolle Zusammensetzungen entstehen.
a Schreibe die neu entstandenen Wörter in dein Heft. Unterstreiche dabei das Grundwort <u>rot</u>, das Bestimmungswort <u>grün</u>.
b Ergänze bei den Zusammensetzungen jeweils den bestimmten Artikel, z. B.: *das <u>Bücherregal</u>*

das Regal	der Hund	der Teller	die Hütte	das Fahrrad
die Bank	die Treppe	das Porzellan	die Schule	das Geländer
der Weg	das Bild	die Tasche	der Rahmen	der Park	die Bücher

Satzglieder – Feldermodell und Umstellprobe

Satzglieder – Die Bausteine des Satzes

Ein Satz besteht aus mehreren **Satzgliedern.** Ein Satzglied kann aus **einem Wort** oder **mehreren Wörtern** bestehen. Alle Wörter in einem Satz, die man gemeinsam umstellen kann **(Umstellprobe),** bilden ein Satzglied.

> Rätselhafte Orte — beflügeln — unsere Fantasie — schon immer

> Unsere Fantasie — beflügeln — schon immer — rätselhafte Orte

Der Aufbau eines Satzes lässt sich sehr gut mit dem **Feldermodell** (▶ Aufgabe 2) erfassen und darstellen.

1 Trenne in den folgenden Sätzen die Satzglieder mit senkrechten Strichen. Wende die Umstellprobe an.

1 Die Menschheit hat in den letzten Jahrzehnten viele Geheimnisse erforscht. 2 Sie hat die Erde bis in die entlegensten Winkel vermessen. 3 Mit U-Booten gelangte sie in die Tiefen des Ozeans. 4 Mit Satelliten und Sonden erkundete sie die unendlichen Weiten des Weltraums. 5 In riesigen Laboren drang sie in den Kern der Atome vor. 6 Geheimnisumwobene Orte voller Rätsel gibt es aber noch immer. 7 Viele gehören ins Reich der Legenden. 8 Manche dieser Orte gibt es wirklich. 9 Sie sind deswegen nicht weniger geheimnisvoll.

2 Arbeite mit dem Feldermodell.
a Übertrage die folgende Tabelle in dein Heft.
b Ergänze nun die Tabelle, indem du auch die Sätze 2 und 5 aus Aufgabe 1 so oft wie möglich umstellst.

Vorfeld	linke Satzklammer	Mittelfeld	rechte Satzklammer	Nachfeld
Die Menschheit	hat	in den letzten Jahrzehnten viele Geheimnisse	erforscht	–
Viele Geheimnisse	hat	die Menschheit in den letzten Jahrzehnten	erforscht	–
In den letzten Jahrzehnten	hat	die Menschheit viele Geheimnisse	erforscht	–
...	...	...	...	...

3 Gestalte den Text oben abwechslungsreicher. Stelle die Satzglieder so um, dass sich die Satzanfänge nicht wiederholen. Schreibe in dein Heft.

Die **Umstellprobe** hilft dir, deine Sätze abwechslungsreicher zu gestalten. Stelle das Satzglied, das du betonen möchtest, an den Anfang oder an den Schluss eines Satzes.

Satzglieder bestimmen – Das Prädikat als Satzkern

> **Information**   Das Prädikat – Der Kern des Satzes
>
> Das Prädikat ist der **Kern des Satzes.** Es wird durch Verben gebildet. In einem **Aussagesatz** steht die Personalform des Verbs (der gebeugte Teil) **immer an zweiter Satzgliedstelle,** z. B.: *Die Legende von Atlantis beschäftigt die Menschen seit Jahrtausenden.*
> Ein Prädikat kann aus mehreren Teilen bestehen. Mehrteilige Prädikate bilden im Feldermodell eine **Satzklammer**
> - bei mehrteiligen Prädikaten, z. B.: untergehen: *Atlantis ging vor langer Zeit unter.*
> - bei zusammengesetzten Zeitformen, z. B.: Perfekt: *Kein Forscher hat das Rätsel gelöst.*

1 Unterstreiche im folgenden Text alle einteiligen Prädikate <u>rot</u>, alle mehrteiligen Prädikate, die eine Satzklammer bilden, <u>blau</u>.

Einer der großen Mythen der Menschheit rankt sich um das Inselreich Atlantis. Atlantis war ein sagenhaftes Inselreich. Der Philosoph Platon (4. Jh. v. Chr.) erwähnte es als Erster. Für Platon war Atlantis eine mächtige Seemacht. Sie habe große Teile Europas und Afrikas erobert. Infolge einer Naturkatastrophe sei Atlantis innerhalb eines einzigen Tages und einer Nacht untergegangen.

2 Bilde aus den folgenden Schlagzeilen vollständige Sätze und ergänze, wo nötig, das Prädikat. Denke daran, dass es auch mehrteilig sein kann. Unterstreiche dann die Prädikate.

Beispiel: Chaos ausgebrochen – Chaos ist <u>ausgebrochen</u> | Chaos <u>brach</u> aus.

> **Atlantis in nur einer Nacht zerstört**   Gesamte Insel im Meer versunken
> **Untergang nicht mehr aufzuhalten!**
> ~~Chaos ausgebrochen!~~   **Sturmflut: Menschen auf der Flucht**

3 Suche in der aktuellen Tageszeitung ähnliche Schlagzeilen. Formuliere vollständige Sätze in deinem Heft.

Satzglieder erfragen – Das Subjekt

Zu einem vollständigen Satz gehört außer dem Prädikat mindestens ein Subjekt.
Das Satzglied, das man mit **„Wer/Was** tut etwas?" erfragen kann, ist das Subjekt.
Die Form des Prädikats richtet sich immer nach dem Subjekt, z. B.:
Der Archäologe forscht. – Die Archäologen forschen.

Das verlorene Königreich

haben

Schon unzählige Autoren und Filmemacher ~~hat~~

sich des geheimnisvollen Atlantis angenommen.

Auch ein Disney-Film aus dem Jahr 2001 be-

handeln diesen faszinierenden Abenteuerstoff. In

5　ihm begibt sich der junge Wissenschaftler Milo

Thatch und ein Team seltsamer Experten auf

die Suche nach der versunkenen Stadt. Der

erste Kontakt ihres hochmodernen U-Boots Ulys-

ses mit der Welt von Atlantis zeigt bereits die

10　große Gefahr: Es werden von einem mächtigen

Meeresungeheuer angegriffen und zerstört. Nach

langer Suche voller Abenteuer gelangt sie

schließlich nach Atlantis. Aber erst hier sollten

ihr Abenteuer richtig beginnen.

Filmplakat „Atlantis – das Geheimnis der verlorenen Stadt"
(Atlantis: The Lost Empire, USA 2001)

---

1 **a** Prüfe in diesem Artikel über den Film „Atlantis",
　　 ob die Form der Prädikate dem Subjekt folgt.
　　 Korrigiere falsche Prädikate im Text.
　 b Wende die Umstellprobe an und teile die Sätze
　　 dann mit senkrechten Strichen in Satzglieder ein.
　 c Unterstreiche in jedem Satz das Subjekt und das Prädikat mit unterschiedlichen Farben.

> Steht das Subjekt im Singular (oder im Plural),
> dann muss auch das Prädikat im Singular (oder
> im Plural) stehen.

2 **a** Streiche in den letzten drei Sätzen alle Satzglieder außer dem Subjekt und dem Prädikat.
　 b Schreibe die verkürzten Sätze in dein Heft. Beachte dabei, dass das Prädikat die zweite Satzgliedstelle
　　 einnimmt.

Satzglieder erfragen – Die Objekte

Information	Die Objekte

Mit der Frageprobe ermittelt man weitere Satzglieder, z. B. die Objekte:

Frageprobe	Satzglied	Beispiel
Wen oder was ...?	Akkusativobjekt	*Viele bewundern ihren Mut.*
Wem ...?	Dativobjekt	*Die Welt hat mutigen Entdeckern viel zu verdanken.*
Wessen ...?	Genitivobjekt	*Entdecker sind sich der Gefahren bewusst.*

1

a Trenne die Satzglieder im Text unten durch senkrechte Striche ab.

b Umkreise in allen Sätzen das Subjekt und unterstreiche das Prädikat.

c Unterstreiche nun die Objekte und kreuze jeweils an, um welches Objekt es sich handelt. (DO = Dativobjekt, AO = Akkusativobjekt, GO = Genitivobjekt).

Der Traum vom Südland

	GO	DO	AO
A Terra Australis incognita[1] bezeichnet einen bereits in der Antike vermuteten Südkontinent.	☐	☐	☐
B Dieser Kontinent sollte den Landmassen auf der Nordhalbkugel als natürliches Gegengewicht dienen.	☐	☐	☐
C Man vermutete dort eine reiche Zivilisation.	☐	☐	☐
D Der Entdeckung dieses sagenhaften Kontinents galt die Aufmerksamkeit vieler berühmter Seefahrer.	☐	☐	☐
E Niemand war sich der Unmöglichkeit dieses Vorhabens bewusst.	☐	☐	☐

1 Terra Australis incognita: unbekanntes Land im Süden

2 Wähle passende Satzglieder aus dem Wortspeicher und schreibe sie im richtigen Fall in die Lücken. Benenne anschließend in der Klammer das Satzglied.

Die englische Royal Society beauftragte _____

_____

(____) mit der Suche nach dem Südland. 1772 erforschte Cook

_____

(____). _____ (____) konnte er nicht beweisen. Erst

Ende des 19. Jahrhunderts entdeckte man in der Südpolarregion _____

_____ (____): die Antarktis! _____

_____ (____) ähnelte diese unwirtliche Region jedoch nicht.

> Wortspeicher
>
> die Südhalbkugel •
> der sagenhafte Südkontinent •
> der englische Seefahrer James Cook •
> die Existenz eines Kontinents •
> ein Land mit kontinentalen Ausmaßen

Genaue Angaben machen – Adverbiale Bestimmungen

> **Information** **Die adverbialen Bestimmungen** (auch: Adverbiale; Singular: das Adverbial)
>
> Adverbiale Bestimmungen (Umstandsbestimmungen) liefern Informationen über den Ort, über die Zeit, über den Grund und über die Art und Weise eines Geschehens oder einer Handlung.
> Durch die **Frageprobe** kann man ermitteln, welche adverbiale Bestimmung vorliegt.
>
> | Frageprobe | Adverbiale Bestimmung | Beispiel |
> |---|---|---|
> | Wann? Wie lange? | der **Zeit** | *Berühmte Seefahrer bereisten im 18. Jahrhundert die Weltmeere.* |
> | Seit wann? Wie oft? | | |
> | Wo? Wohin? Woher? | des **Ortes** | *Sie drangen in unbekannte Gewässer vor.* |
> | Warum? Weshalb? | des **Grundes** | *Aufgrund von Vitaminmangel erkrankten viele Seeleute an Skorbut.* |
> | Weswegen? | | |
> | Wie? | der **Art und Weise** | *Diese Reisen waren sehr gefährlich.* |
> | Auf welche Weise? | | |

1 **Lies den Text.**

a Unterstreiche die rechts angegebenen adverbialen Bestimmungen im Text.

b Ergänze die Fragen entsprechend.

Das Geheimnis der Osterinsel

Seit ihrer Entdeckung wirft diese Insel unzählige Fragen auf.

Monumental ragen dort rätselhafte Steinriesen in den stürmischen Himmel hinein. Stumm erzählen diese Zeugen seither von einer unbekannten Vergangenheit. Wer hat diese Figuren auf der baumlosen Insel gemeißelt? Welche Bedeutung hatten sie? Der englische Entdecker James Cook kam 1774 während seiner Südseeexpedition auf die Insel. Schon damals lagen die meisten Statuen umgeworfen am Boden. Was war passiert?

Zeit: *Seit wann?* _____

Art/Weise: _____, Ort: _____

Ort: _____, Art/Weise: _____

Zeit: _____

Ort: _____

Zeit: _____, Zeit: _____, Ort: _____

Zeit: _____, Art/Weise: _____

Ort: _____

2 **Eine Aufgabe für Profis. Kreuze die richtigen Antworten an.**
●●● **Hinweis: Es können auch mehrere Antworten richtig sein.**

Dieser Satz enthält keine adverbiale Bestimmung:	der Zeit	des Ortes	des Grundes	der Art und Weise
Der Niederländer Jakob Roggeveen betrat als erster Europäer die unbekannte Insel.				
Er landete dort mit seinen drei Schiffen am Ostersonntag 1722.				

Stärken stärken: Adverbiale Bestimmungen

●○○ **1** **Vervollständige den Text.**
Wähle aus dem Wortspeicher für jede Lücke die
passende adverbiale Bestimmung.

_____ wachen die mächtigen

Steinfiguren _____

_____. _____ stammen sie von Poly-

nesiern. Diese haben die Insel _____

besiedelt. Der Grund für den Untergang ihrer Kultur liegt _____. _____

zerstörte ein Aufstand der Hungernden die eigene Kultur. Andere Quellen nennen ein Seebeben. _____

_____ soll die Insel zerstört worden sein. Es bleibt ein Rätsel.

●●○ **2** **Bearbeite Aufgabe 1. Übertrage dann die folgende Tabelle in dein Heft. Ermittle durch die Frageprobe, welche**
adverbiale Bestimmung im Text oben jeweils vorliegt, zum Beispiel:

Wie wachen die Steinfiguren? → *geheimnisvoll*

adverbiale Bestimmung des Ortes	adverbiale Bestimmung der Zeit	adverbiale Bestimmung des Grundes	adverbiale Bestimmung der Art und Weise
			geheimnisvoll

●●● **3** **Wende die Weglass- und die Erweiterungsprobe an.**
Achte auf die Tipps rechts.
a **Schreibe den folgenden Satz ohne adverbiale**
Bestimmungen auf.

Früher gab es vermutlich 1000 dieser kolossalen
Steinstatuen auf der Osterinsel.

> Adverbiale Bestimmungen sind in einem Satz
> nicht unbedingt notwendig. Die **Weglassprobe**
> hilft dir herauszufinden, welches Satzglied eine
> adverbiale Bestimmung ist.

_____

_____

b **Erweitere den folgenden Satz mit den adverbialen**
Bestimmungen aus dem Wortspeicher.

Die Steinfiguren wurden von Polynesiern aufgestellt.

> **Erweiterungsprobe**
> Adverbiale Bestimmungen dienen dem genauen
> und lebendigen Schreiben. Füge sie sinnvoll in
> deine Aufsätze ein.

_____

_____

Stärken stärken: Satzglieder erkennen und bestimmen

●○○ **1** **a** Umkreise das Prädikat in den Sätzen A bis C.
   b Ermittle mit der Frageprobe die unterstrichenen Satzglieder. Schreibe in dein Heft.

A Die Felsenstadt Machu Picchu (wurde) im 15. Jahrhundert von den Inkas (erbaut).
Wer oder was wurde im 15. Jahrhundert von den Inkas erbaut? → die Felsenstadt Machu Picchu
die Felsenstadt Machu Picchu = Subjekt

B Sie liegt in 2 360 Metern Höhe <u>auf einem Bergrücken in den Anden</u>.
C Die terrassenförmige Stadt umfasste <u>216 steinerne Bauten</u>.

●●○ **2** Übertrage die Sätze D bis F in das Feldermodell und bestimme anschließend die unterstrichenen Satzglieder.
   Arbeite in deinem Heft

Vorfeld	linke Satzklammer	Mittelfeld	rechte Satzklammer	Nachfeld
...	...	...	...	...

D In ihrer Blütezeit beherbergte <u>Machu Picchu</u> bis zu 1 000 Menschen.
E <u>Wahrscheinlich</u> wurde die Stadt infolge der spanischen Eroberung des Inkareichs aufgegeben.
F Danach geriet sie 400 Jahre <u>in Vergessenheit</u>.

●●● **3** **a** Überprüfe mit Hilfe der Weglassprobe, ob die Sätze A bis F aus Aufgabe 1 und 2 adverbiale Bestimmungen
   enthalten. Notiere alle adverbialen Bestimmungen, z. B.: *A: im 15. Jahrhundert.*
   b Bestimme anschließend anhand der Frageprobe, um welche adverbiale Bestimmung es sich handelt, z. B.:
   A: im 15. Jahrhundert. Wann? Adverbiale Bestimmung der Zeit.

Teste dich!

Satzglieder

1 Wie viele Satzglieder enthält der folgende Satz? Trenne die einzelnen Satzglieder durch senkrechte Striche ab und kreuze die richtige Antwort an. (1 P.)

Die Steinkreise von Stonehenge entzündeten die Fantasie der Menschen schon immer.

☐ 2   ☐ 3   ☐ 4   ☐ 5   ☐ 6 Satzglieder

2 a Unterstreiche in den folgenden Sätzen das Prädikat und zeichne die Satzklammer ein. (4 P.)

Die Erbauung dieser monumentalen Anlage stellte eine unvorstellbare Leistung dar. Lange war die Bedeutung dieser Kultstätte umstritten. Heute sind jedoch viele Fragen geklärt. Die gigantischen Steinriesen sind nach Sonnen- und Mondlauf ausgerichtet.

b Kreuze an, welche der Aussagen richtig und welche falsch sind. (3 P.)   richtig   falsch

A Ein Prädikat steht im Aussagesatz immer an der zweiten Satzgliedstelle. .... ☐   ☐

B Das Subjekt eines Satzes steht immer an der ersten Satzgliedstelle. .... ☐   ☐

C Ein Satz kann neben Subjekt und Prädikat beliebig viele Satzglieder enthalten. .... ☐   ☐

3 Stelle den folgenden Satz nach dem angegebenen Satzbauplan um. (1 P.)

Das Bauwerk aus der Jungsteinzeit birgt immer noch viele Geheimnisse.

Akkusativobjekt	Prädikat	Subjekt	adverbiale Bestimmung der Zeit

Vergleiche deine Ergebnisse mit dem Lösungsheft. Für jede richtige Antwort erhältst du einen Punkt.

☺ 9–6 Punkte	☺ 5–4 Punkte	☹ 3–0 Punkte
Gut gemacht!	Gar nicht schlecht, aber lies dir die Merkkästen auf den Seiten 57 bis 61 noch einmal genau durch.	Arbeite die Seiten dieses Kapitels noch einmal sorgfältig durch.

Satzarten

Satzarten: Aussagesatz, Fragesatz, Aufforderungssatz

Je nachdem, ob wir etwas aussagen, fragen oder zu etwas auffordern wollen, verwenden wir einen
- **Aussagesatz,** z. B.: *Dinosaurier sind ausgestorben.*
- **Fragesatz,** z. B.: *Gibt es Dinosaurier?* oder
- **Aufforderungssatz,** z. B.: *Sieh im Lexikon unter Dinosaurier nach!*

In der gesprochenen Sprache erkennen wir die Satzart an der Stimmführung, in der geschriebenen Sprache am Satzschlusszeichen und der Position des Verbs im Satz. Bei **Aussagesätzen** und **Ergänzungsfragen** *(Wer hat das erzählt?)* steht das Verb an zweiter Stelle (= **Verbzweitsatz**), bei **Ja-/Nein-Fragen** und **Aufforderungssätzen** an erster Stelle (= **Verberstsatz**).

Nein, richtig berühmt wurde das Wesen erst 1933, als erstmals Zeitungen von der Sichtung

des „Monsters" berichteten ___

Nun, die erste Erwähnung stammt aus

dem Jahr 565 ___

Eine alte Chronik besagt, dass ein riesiges Tier aus dem See stieg

und drei Männer erschlug ___

Gibt es noch

andere Berichte ___

Dies löste dann eine Mediensensation aus, und Londoner Zeitungen entsendeten

Reporter nach Schottland ___

Seit wann existiert diese

Legende denn schon ___

Erzähle weiter ___

Unglaublich ___

Das muss ja weltweit eine riesige Aufregung

verursacht haben ___

1 a Lies die Sprechblasen. Wovon ist hier die Rede?
b Markiere die Prädikate und setze die richtigen Satzschlusszeichen.
c Bringe die Sätze in eine sinnvolle Reihenfolge. Nummeriere sie.

Die Verben in **Redebegleitsätzen** geben bei der wörtlichen Rede oft einen Hinweis auf die Sprechabsicht. Diese Redebegleitsätze können
- **vorangestellt** werden: *Er flehte: „Lass mich!"*
- **nachgestellt** sein: *„Gibst du es zu?", drohte er ihm.*
- **eingeschoben** werden: *„In Ordnung", lenkte er ein, „ich sage alles."*

2 Formuliere anhand der Sprechblasen einen ausführlichen Dialog. Verwende passende Redebegleitsätze.

Die Satzreihe

- **Hauptsätze** können als selbstständige Sätze allein stehen. Sie bestehen aus mindestens zwei Satzgliedern, dem **Subjekt** und dem **Prädikat.** Die Personalform des Verbs steht im Hauptsatz immer an zweiter Satzgliedstelle (= Verbzweitsatz).
- Ein **Satz,** der aus **zwei oder mehr Hauptsätzen** besteht, wird **Satzreihe** genannt. Die einzelnen Hauptsätze einer Satzreihe werden durch ein Komma voneinander getrennt, z. B.: *Im Norden Schottlands liegt ein See, er heißt „Loch Ness".*
- Häufig werden die Hauptsätze durch die **nebenordnenden Konjunktionen** (Bindewörter) *und, oder, aber, denn, doch* verbunden, z. B.: *In ihm soll ein Ungeheuer leben, aber wirklich gesehen hat es niemand.*
- Nur **vor den Konjunktionen** *und* bzw. *oder* darf das Komma wegfallen, z. B.: *Viele Geschichten ranken sich um dieses Monster und es gibt viele so genannte Augenzeugenberichte.*

1   a   Trenne in den folgenden Meldungen über die Sichtung Nessies die Hauptsätze voneinander ab. Ziehe einen senkrechten Strich zwischen ihnen.

     b   Setze die notwendigen Kommas und markiere die Konjunktionen. Unterstreiche die Personalform des Verbs grün.

Im Herbst 1933 beschrieb ein Einheimischer das Ungeheuer denn er hatte es angeblich um sieben Uhr morgens beobachtet.

1972 veröffentlichte der Amerikaner Robert Rines einige Unterwasserfotos er wollte auf ihnen die Flosse Nessies erkennen.

2007 weckte ein Video des Ungeheuers von Loch Ness großes Interesse denn es ist ein 15 m langes, aalähnliches Objekt zu erkennen.

Der Chirurg R. K. Wilson veröffentliche 1934 eine Fotografie von Nessie und er zog damit erneut große Aufmerksamkeit auf das Ungeheuer von Loch Ness.

2009 wollte ein Nessie-Forscher das Wesen auf Google Earth entdeckt haben doch es entpuppte sich schließlich nur als Schatten eines kleinen Bootes.

2   Füge die folgenden Sätze zu sinnvollen Satzreihen zusammen. So erfährst du weitere interessante Details über das „Ungeheuer von Loch Ness".
Schreibe ins Heft.
Verwende auch nebenordnende Konjunktionen und achte auf die Kommas.

A   Das Ungeheuer von Loch Ness soll ein Urwesen sein. Es soll in einem See in Schottland leben.
B   Normalerweise wird Nessie als Seeschlange bezeichnet. Sie soll eine Länge von 20 m haben.
C   Nessie ist nicht das einzige sagenumwobene Tier. Es gibt noch die Legenden von Bigfoot und dem Yeti.

Das Satzgefüge

Information **Das Satzgefüge (Hauptsatz + Nebensatz)**

Einen Satz, der aus mindestens einem Hauptsatz und mindestens einem Nebensatz besteht, nennt man **Satzgefüge**. Zwischen Hauptsatz und Nebensatz muss ein Komma stehen.
Nebensätze haben folgende Kennzeichen:

- Ein Nebensatz kann nicht ohne Hauptsatz stehen.
- Der Nebensatz ist dem Hauptsatz untergeordnet. Er wird eingeleitet
  - durch eine **unterordnende Konjunktion** (Bindewort), z. B.: *weil, da, obwohl, damit, dass, nachdem, während*
  - oder durch ein **Relativpronomen** (rückbezügliches Fürwort), z. B.: *der, die, das.*
- Die Personalform des Verbs (das gebeugte Verb) steht im Nebensatz immer **an letzter Satzgliedstelle** (Verbletztsatz).

Viele Menschen glauben an Nessies Existenz , obwohl es keine Beweise dafür gibt.
Das Ungeheuer entfacht unsere Fantasie , die immer mehr dazu erfindet.

| Personalform des Verbs | Komma | Konjunktion/Relativpronomen | Personalform des Verbs am Satzende |

-------- Hs (Hauptsatz) --------, -------- Ns (Nebensatz --------.

---

1 Verbinde die Sätze 1 und 2 zu Satzgefügen. Wähle die passende Konjunktion.

Satz 1	Konjunktion	Satz 2
Viele Menschen glauben an Nessies Existenz.	da	Er kann sich in regelmäßigen Abständen mit Luft versorgen.
Manche Nessie-„Experten" vermuten einen ausgestorbenen Plesiosaurus im See.	damit	Zum Überleben müsste eine große Kolonie solcher Tiere existieren.
Wissenschaftler halten diese Idee für sehr unwahrscheinlich.	obwohl	Viele Beobachter berichten von einem Wesen ähnlichen Aussehens.
Ein Plesiosaurus müsste auch viel öfter an die Oberfläche kommen.	weil	Es gibt keine eindeutigen Beweise.

Viele Menschen glauben an Nessies Existenz, obwohl es keine eindeutigen Beweise gibt.

Nebensätze: „das" oder „dass"?

| Information | Nebensätze mit „das" und Nebensätze mit „dass" unterscheiden |

Das **Relativpronomen „das"** und die unterordnende **Konjunktion „dass"** werden manchmal verwechselt.
Das **Relativpronomen „das"** kann **durch „welches" ersetzt** werden:
Nessie ist ein Seeungeheuer, das im schottischen See Loch Ness lebt.
Ersatzprobe: *Nessie ist ein Seeungeheuer, welches im schottischen See Loch Ness lebt.*

Die **Konjunktion „dass"** kann **nicht ersetzt** werden.
Eigentlich weiß jeder, dass es Nessie überhaupt nicht gibt.
Ersatzprobe: Eine Ersetzung durch „welches" ist nicht möglich.

1 Setze im folgenden Text das oder dass richtig ein.
Achtung: Manchmal wird „das" als bestimmter Artikel gebraucht.
Wende für jeden Satz die Ersatzprobe an.

Wenn es Mitternacht wird am Loch Ness

Jeder im „Old Pub" des schottischen Dörfchens Kil-

more, *das*＿＿＿＿ am Ostufer des Loch Ness gele-

gen war, wusste, ＿＿＿＿ der alte McDougal ver-

rückt war. Als er um Mitternacht ans Fenster stürmte,

₅ ＿＿＿＿ auf den nebligen See hinauszeigte, be-

achtete ihn deshalb auch keiner. ＿＿＿＿ änderte

sich, als er laut ein Wort ausrief, ＿＿＿＿ jeder

kannte: „Nessie!" Plötzlich war klar, ＿＿＿＿ er

kein Seemannsgarn erzählte: In der Dunkelheit erhob sich tatsächlich ein düsterer Schatten aus den schwar-

₁₀ zen Wassern. ＿＿＿＿ musste es sein: Das Ungeheuer, ＿＿＿＿ man so lange gesucht hatte. Meter-

hoch erhob sich ein geschwungenes Etwas, ＿＿＿＿ wie der Hals eines urzeitlichen Wesens aussah, in der

Mitte des Sees. Sofort stürmten alle zum Ufer, ＿＿＿＿ in tiefe Dunkelheit gehüllt war. Viele hofften,

＿＿＿＿ endlich der Moment der Wahrheit war. Aber kaum am Ufer angekommen, war das

Wesen, ＿＿＿＿ man zu erkennen geglaubt hatte, verschwunden. Spurlos. Nun sahen wohl die meisten

₁₅ ein, ＿＿＿＿ auch dieses Mal wieder der schottische Whisky seinen Teil dazu beigetragen hatte, ＿＿＿＿

ihnen Nessie in dieser Nacht erschienen war. Sofort kehrte wieder Ruhe in das beschauliche Örtchen ein. Bis

zum nächsten Mal ...

Teste dich!

Satzarten

1 **Setze die fehlenden Satzschlusszeichen und kreuze an, um welche Satzart es sich handelt. (2 P.)**

	Ausrufesatz	Aussagesatz	Fragesatz
A Kennst du die Legende von Bigfoot	☐	☐	☐
B Dies ist der Name eines Wesens in Nordamerika	☐	☐	☐

2 **Ordne dem Satz den richtigen Satzbauplan zu. Kreuze die Lösung an. (1 P.)**

Die Legende geht in das Jahr 1850 zurück, als Indianer erstmals von einem solchen Wesen berichteten.

☐ Hs + Ns   ☐ Ns + Hs   ☐ Hs + Hs

3 **Kreuze an, ob es sich bei den folgenden Sätzen um einen einfachen Hauptsatz, ein Satzgefüge oder eine Satzreihe handelt. (2 P.)**

	Hauptsatz	Satzreihe	Satzgefüge
A Er soll ein überdimensionales Wesen sein, das in fast allen Gebirgen Nordamerikas sein Unwesen treibt.	☐	☐	☐
B Natürlich handelt es sich auch hier um eine Legende, dennoch machen sich immer wieder Menschen auf die Suche nach ihm.	☐	☐	☐

4 **Verknüpfe die beiden Sätze jeweils mit einer passenden Konjunktion zu einem Satzgefüge. (3 P.)**

A Immer wieder tauchen „Bilder" von Bigfoot auf. Menschen verkleiden sich mit Kostümen.

_____

_____

_____

B Niemand glaubt an Bigfoot. Viele Menschen suchen ihn.

_____

_____

_____

_____

Vergleiche deine Ergebnisse mit dem Lösungsheft. Für jede richtige Antwort erhältst du einen Punkt.

😊 **8–6 Punkte**   😐 **5–4 Punkte**   ☹ **3–0 Punkte**

Gut gemacht!   Gar nicht schlecht, aber lies dir die Merkkästen auf den Seiten 65 bis 68 noch einmal genau durch.   Arbeite die Seiten dieses Kapitels noch einmal sorgfältig durch.

Was kannst du schon? – Rechtschreibstrategien

1 Prüfe dein Strategiewissen. Kreuze die richtigen Antworten an.

1 Schwingen heißt, die Wörter deutlich in Silben zu sprechen. ☐

2 Schwingen hilft bei allen Fremdwörtern. ☐

3 Schwingen hilft bei allen Wörtern, die man schreibt, wie man sie spricht. ☐

4 Verlängern hilft bei einsilbigen Wörtern. ☐

5 Verlängern hilft am Wortende. ☐

6 Verlängern hilft bei *b, d, g* und doppelten Konsonanten. ☐

7 Zerlegen muss man einsilbige Wörter. ☐

8 Zerlegen muss man zusammengesetzte Wörter. ☐

9 Beim Zerlegen findet man Verlängerungsstellen, die sich im Wort befinden. ☐

10 Ableiten hilft bei einsilbigen Wörtern. ☐

11 Ableiten hilft bei der *ä*- und *äu*-Schreibung. ☐

2 **a** Suche im Text „Die vier Spezialflugzeuge" je fünf Wörter, deren Schreibweise mit Hilfe der ersten drei Strategien ⓦ ⇨ ⓦ erklärt werden kann.

b Ordne diese fünf Wörter in die Tabelle unter dem Text ein.

Erwin Moser

Die vier Spezialflugzeuge (Teil 1)

Nicki Stiller, der berühmte Flugzeugkonstrukteur, hat vier neue Flugzeugmodelle entworfen und gebaut. Als Erstes erfand er den fliegenden Hai. Dies ist ein sehr schnelles Jagdflugzeug. Beim ersten Flugversuch stürzte er zwar ab, aber das Modell Nr. 2 war bereits viel besser gebaut.

Dann erfand Nicki das fliegende Schwein.

5 Dieses Modell hat eine eigenartige Antriebsart. Und zwar wird durch die Nasenlöcher des Flugschweins Luft eingesaugt. Im Inneren ist dann eine große, heiße Luftblase, die das Flugschwein aufsteigen lässt. Dann wird die Luft durch eine Düse am Ende des Schweins ausgestoßen, wodurch die Antriebskraft entsteht.

3 Bei welchen Fehlern hilft welche Strategie?
Ordne die folgenden Beispiele der Spalte „hilft bei …" richtig zu. Ziehe Pfeile.

	Strategie	hilft bei …	Beispiel: falsch – richtig
ω	Schwingen	fehlenden und vertauschten Buchstaben im Wort	*das Berk/werg – denn: die Berge, die Werke*
🠖	Verlängern	– Einsilbern und am Wortende – *b, d, g* und doppelten Konsonanten am Wortende	*(wir) leuten – denn: (er ist) laut*
Ψ	Zerlegen	zusammengesetzten Wörtern	*die Buhstaben – denn: die Buchstaben*
⚡	Ableiten	Verwechslung von *e/ä* und *eu/äu*	*der Berk – denn: die Berge*

4 Prüfe: Welche Strategie hilft dir, die markierten Fehler in dem folgenden Text zu korrigieren?
Ordne die korrigierten Wörter den vier Strategiezeichen unten zu.

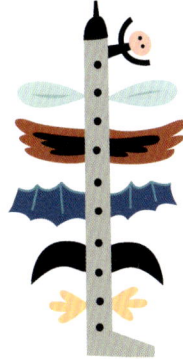

Die vier Spezialflugzeuge (Teil 2)

VORSICHT FEHLER!

Als nechstes erfant Nicki Stiller den Schildkröt-Transport-Hupschrauber.
Dieser Spezialhubschrauber kan große Lasten über weite Strecken transportieren.
Besonders reizvol ist die Pilotenkanzel angelekt. Der Pilot hat einen schönen Runtblick.
Und zum Schluss baute Nicki das 10-Flügel-Flugzeug. Das war seine tollste Erfindung. Es hat
einen langen Rumpf, an dessen Seiten fünf bewekliche Flügelpaare angebraht sind. Und zwar
der Reihe nach: ein Paar Libelenflügel, ein Paar Adlerflügel, ein Paar Fledermausflügel, dann
Schwalbenflügel und zuletzt Spatzenflügel. Dieses Flugzeuk hat zwar einen unregelmeßigen
Flug, wenn alle Flügelpaare in Bewegunk sind, aber dafür kann es niemals abstürzen.

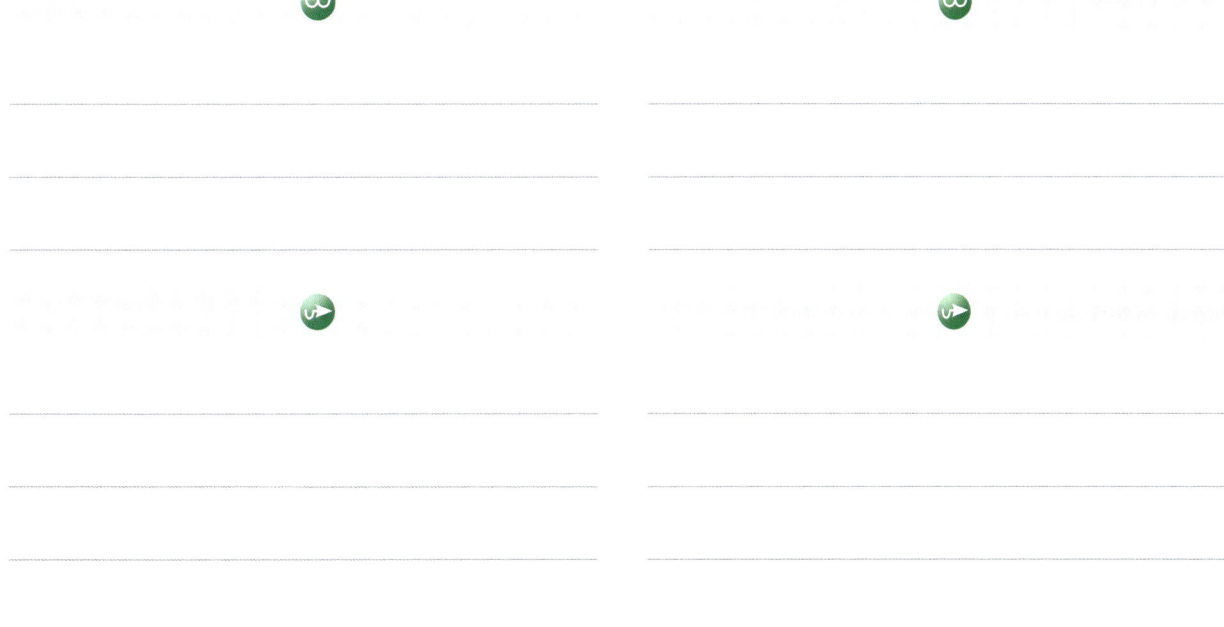

ω   ω

🠖   🠖

5 **a** Mit welcher Strategie findest du die meisten Fehler? _____
Damit hast du den Fehlerschwerpunkt in dem Text gefunden.

b Welche Strategie macht dir die meisten Probleme? _____

c Arbeite die Seiten in diesem Arbeitsheft zu deiner Problemstrategie durch (▶ Inhaltsverzeichnis).

Rechtschreibstrategien anwenden

Strategie Schwingen – Aus Silben Wörter basteln

Methode	Wörter schwingen

- **Vor** dem Schreiben: **Sprich** die Wörter **deutlich in Silben.** Zeichne Silbenbögen in die Luft.
- **Beim** Schreiben: Sprich die Silben leise mit. Sprich nicht schneller, als du schreibst.
- **Nach** dem Schreiben: Prüfe, ob du richtig geschrieben hast.
  Zeichne dazu die Silbenbögen unter jede Silbe und sprich leise mit.

Hinweis: Das Schwingen **hilft auch, wenn du** ganze **Texte abschreibst.**

1 Die folgenden Wörter kann man schwingen, denn man schreibt sie, wie man sie spricht.

a Zeichne die Silbenbögen unter die Wörter und sprich dabei in Silben mit, z. B.: *Eu len*.

Eulen • Zitronen • Meisen • Butter • Ufer • Hauben • Auto • Wasser • Mofa	Feder • Falter • Knödel • Blumen • Schwalben • Taucher • Reklame • Melonen • Reparatur	Spitze • Farbe • Kerne • Nester • Eier • Pflanze • Plakate • Kerne • Kosten

b Setze die Wörter aus den Kästen zu langen Wörtern zusammen.
Verwende aus jedem Kasten jeweils ein Wort, z. B.:

Eulenfederspitze, _____

_____

_____

c Notiere die beiden längsten Wörter, die du bilden konntest. Zähle die Silben.

2 Bei den Wörtern unten sind die Silben durcheinandergeraten.
Ordne sie und schreibe die Wörter richtig auf.
Hinweis: Gehe beim Aufschreiben vor, wie in der Methode oben beschrieben.

fe tel man ter Win knöp	*Win...* _____
nen scha Ba na len	_____
ken der ker zen Wun fun	_____
me Kat bäu kratz zen	_____

3 Erschließe die Bedeutung von mindestens drei deiner zusammengesetzten Wörter (▶ Aufgaben 1 b und 2).
●●● Gehe dabei von hinten nach vorn vor.
Schreibe in dein Heft, z. B.: *Eulenfederspitze = Spitze der Feder einer Eule.*

Information   Offene und geschlossene Silben unterscheiden

- Aus **Lauten** bilden wir **Silben.** Das Zentrum einer Silbe ist der **Vokal.**
- Enden Silben mit einem **Vokal**, nennt man sie **offen**.
  Man spricht den **Vokal lang**, z. B.: *ba den*.
- Enden Silben mit einem **Konsonanten,** nennt man sie **geschlossen**.
  Man spricht den **Vokal kurz,** z. B.: *bin den*.

1 **a** Arbeite mit der Wörterbastelmaschine. Bilde aus den Silben mindestens zehn zweisilbige Wörter,
z. B.: *le ben*, *die Schel le*.

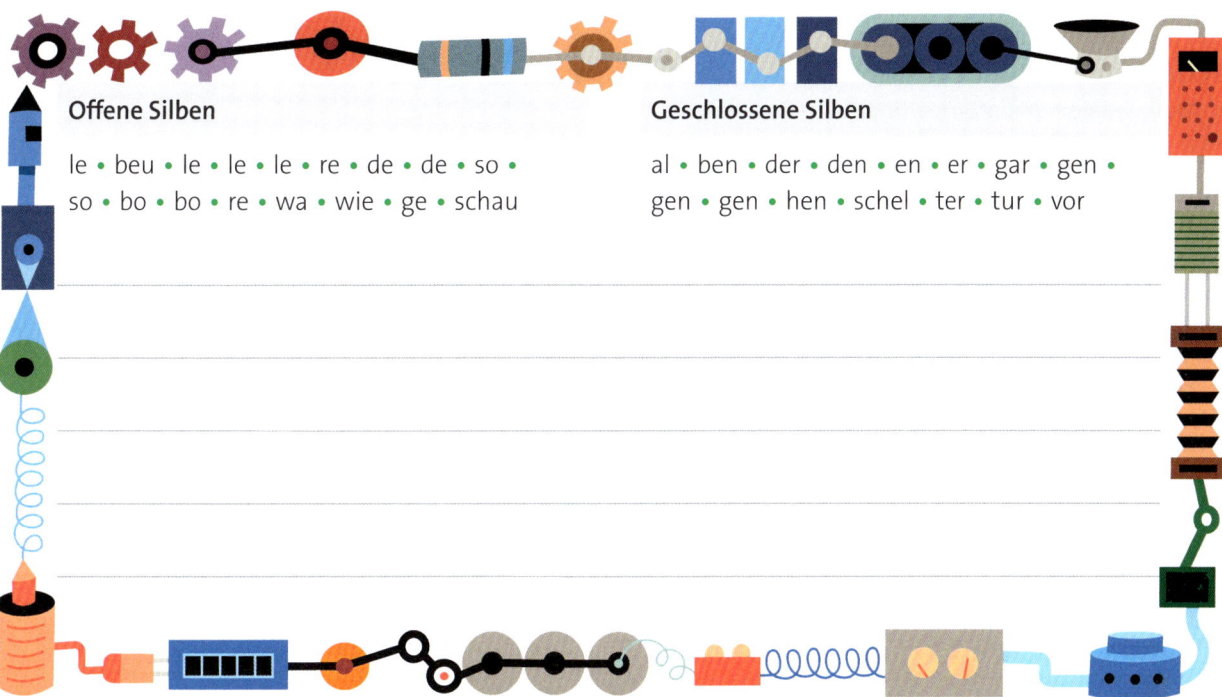

Offene Silben

le • beu • le • le • le • re • de • de • so •
so • bo • bo • re • wa • wie • ge • schau

Geschlossene Silben

al • ben • der • den • en • er • gar • gen •
gen • gen • hen • schel • ter • tur • vor

b Markiere jeweils die offene Silbe in den zehn von dir gebildeten Wörtern.

2 Notiere Wörter, die du aus zwei offenen Silben bilden kannst. Nutze die Wörterbastelmaschine.

3 **a** Bestimme in den folgenden Wörtern die Zahl der Silben.
Schreibe die Silbenzahl in die Kästchen.
b Notiere das Wort mit den meisten Silben: _____

Hemdenknöpfe   Strickjackenkapuze   Wintermantelkragen

Kleiderhaken   Damenblusenkragengröße   Pudelmützenbommel

Gürtelschnalle   Hosenbeinweite   Lederarmband

Sommerblusenstoffe   Streifenmuster   Seidenblusenmuster

c Markiere alle offenen Silben in einer Farbe.
d Wie heißen die beiden Wörter mit den meisten offenen Silben?

Strategie Verlängern – Einsilber und unklare Auslaute

Methode	Wörter verlängern

- Beim Schwingen kann man in der Regel jeden Buchstaben deutlich hören, z. B.: *der Som mer*.
- Bei Einsilbern und am Wortende kann man Buchstaben aber nicht immer sicher zuordnen, z. B.: *b, d, g und doppelte Konsonanten*.
- Dann hilft die Strategie „Verlängern". **Verlängern** heißt: **Man fügt an das Wort eine Silbe an**, z. B.:

der Ber g – denn: die Ber ge,   *der Bussar d – denn: die Bus sar de*   *der Unfall – denn: die Un fäl le*

---

1 **a** Kreuze im Folgenden die beiden einsilbigen Wörter an, die du so schreibst, wie du sie sprichst.
b Markiere den unklaren Laut bei allen anderen Wörtern.

☐ der Herd	☐ das Schilf	☐ das Schild
☐ das Werk	☐ der Zwerg	☐ die Burg
☐ das Geld	☐ der Freund	☐ das Hemd

c Beweise die Schreibung der Wörter mit den unklaren Lauten.
Verlängere sie, indem du diese Wörter in die Mehrzahl (Plural) setzt (▶ Methode oben).

_____   _____   _____

_____   _____   _____

_____   _____   _____

---

2 **a** Kreuze im Folgenden die drei zweisilbigen Wörter an, die du so schreibst, wie du sie sprichst.
b Markiere den unklaren Laut bei allen anderen neun Wörtern.

☐ der Vorstand	☐ der Abfall	☐ der Gepard	☐ das Prinzip
☐ der Beschluss	☐ der Verband	☐ der Überfall	☐ der Anfall
☐ riskant	☐ der Bestand	☐ der Bezug	☐ der Mantel

c Beweise die Schreibung der Wörter mit den unklaren Lauten. Verlängere sie, z. B.:

der Vorstand – die Vorstände, _____

_____

_____

---

3 Schreibe einen Satz, in dem mindestens vier zu verlängernde Wörter vorkommen.
●●● Unterstreiche diese Wörter.

_____

_____

Methode	Wie man verschiedene Wortarten verlängert

- **Nomen** setzt man in die Mehrzahl (Plural), z. B.:
  der Stall – die Ställe.
- **Verben** setzt man in eine andere Personalform, z. B.:
  er schwimmt – wir schwimmen.
- **Adjektive** steigert man, z. B.:
  still – stiller als.

1 Bestimme die Wortart der folgenden neun Wörter.
Unterstreiche die Nomen blau, die Verben grün und die Adjektive schwarz.

> kommt • klagt • der Kamm • nennt • still • das Bild • wild • der Held • hell

Elisabeth Borchers

Kleines Wörterbuch

aus Wort und Zahl _____

und Hunger und Mahl _____

und Stein und Bein _____

und mein und dein _____

5 mit Punkt und Strich _____

und Hieb und Stich   *– die Hiebe* _____

und komm und geh _____

und Heim und Weh _____

von Nord nach Süd _____

10 bis froh und müd _____

auch Flug und Ritt _____

und Dank und Bitt _____

dann such und find _____

ein schönes Kind _____

15 aus Morgen, Rot _____

bis Abend, Brot _____

von Berg zu Werk _____

aus Fried und Streit _____

und Lieb und Leid _____

20 und Leib und Seel _____

dazu ein Haus _____

und Aus _____

2 Lies das Gedicht: erst die linke, dann die rechte Spalte. Warum trägt es diesen Titel?
Kreuze die zutreffenden Antworten an.

☐ … weil es nur Wörter aufzählt. ☐ … weil es darin um die Geschichte eines kleinen Wörterbuchs geht.

☐ … weil es eine Wörterbuchseite abbildet. ☐ … weil man darin wie in einem Wörterbuch ganz verschiedene Wörter findet.

3 a Markiere Wörter, die du verlängern musst, um ihre Schreibung zu beweisen, mit dem Strategiezeichen.
b Schreibe die Verlängerungswörter hinter den jeweiligen Vers.

Strategie Zerlegen – Zusammengesetzte Wörter

Methode	Wörter zerlegen

- Viele zusammengesetzte Wörter kann man einfach schwingen.
- **Unklare Auslaute und Einsilber** in **zusammengesetzten Wörtern** findet man, indem man die Wörter **zerlegt,** z. B.:

*der Aben**d**/stern – denn: die A ben **de***

1

a Schwinge die Pflanzennamen. Kreuze an: Bei welchen Wörtern hörst du deutlich, wie man sie schreibt? <u>Hinweis: Es sind acht Wörter.</u>

b Markiere bei den anderen Wörtern den unklaren Laut.

1 die Ebereschenfrüchte ✗	7 der Essigbaum ☐	12 der Trompetenbaum ☐
2 die Berggoldnessel ☐	8 der Pflücksalat ☐	13 die Engelstrompete ☐
3 die Brennnessel ☐	9 die Königskerze	14 die Taubnessel ☐
4 der Frauenmantel ☐	10 der Binsenginster ☐	15 die Glockenblume ☐
5 die Waldrebe ☐	11 der Zwergholunder ☐	16 das Pfaffenhütchen ☐
6 der Tannenwedel ☐		

13   2   16   15   9   1   4

c Erkläre die Schreibweise der Wörter, die einen unklaren Laut haben, z. B.: *die Königs/kerze – denn: die Könige.*

_____

_____

_____

2 Setze ein: einfacher oder doppelter Konsonant? Beweise die Schreibung.

m/mm: der He **mm** schuh – denn: *hemmen*   der Ka_____molch – denn: _____

l/ll: das Ro_____feld – denn: _____   der Kna_____körper – denn: _____

t/tt: der Ro_____fuchs – denn: _____   der Bla_____salat – denn: _____

p/pp: das Kla_____rad – denn: _____   das Hu_____konzert – denn: _____

n/nn: das Bre_____glas – denn: _____   das Spa_____laken – denn: _____

k/ck: das Ha_____fleisch – denn: _____   das Qua_____konzert – denn: _____

Methode **Wie man Wörter zerlegen kann – Wortbausteine abtrennen**

- Wenn man **Wortbausteine abtrennt,**
  kann man **Verlängerungsstellen finden,** z. B.: end│los│, end│lich│ – denn: das Ende.
- Die Bausteine **-ig, -lich, -los, -bar, -haft** kennzeichnen **Adjektive,** z. B.: wind│ig│.
- Die Bausteine **-heit** und **-schaft** kennzeichnen **Nomen,** z. B.: die Kund│schaft│.

1 Zerlege und verlängere die Wörter wie im ersten Beispiel.

die Land│schaft│ – denn: die Län **d**er

die Feigheit – denn: _____

die Herrschaft – denn: _____

die Wildheit – denn: _____

die Bekanntheit – denn: _____

die Mannschaft – denn: _____

die Gesundheit – denn: _____

die Klugheit – denn: _____

2 In dem Suchgitter haben sich 13 Adjektive mit den Bausteinen -lich, -los und -haft versteckt. Umrahme sie und notiere sie wie folgt in deinem Heft:

täg│lich│ - denn: die Tage, _____

3 Wie werden die in der Methode vorgestellten Bausteine auch genannt?
Notiere den grammatischen Begriff:

_____

F	O	Ü	T	Ä	G	L	I	C	H	X
Ä	Ö	B	T	L	E	B	H	A	F	T
F	V	E	R	G	E	B	L	I	C	H
H	B	R	G	R	R	L	N	R	T	F
A	I	H	E	U	F	A	E	A	A	B
N	L	E	L	N	O	T	I	N	U	B
D	D	B	B	D	L	T	D	D	G	P
L	L	L	L	L	G	L	L	L	L	T
I	I	I	I	O	L	O	O	O	I	H
C	C	C	C	S	O	S	S	S	C	M
H	H	H	H	B	S	J	A	U	H	X

4 **a** Markiere in den Sätzen A bis E für Adjektive typische Wortbausteine.
Setze das Strategiezeichen ↩ an die entsprechenden Stellen.
b Schreibe die Verlängerungswörter über das Wort oder hinter den Satz.

A Verderbliche Ware muss man täglich kontrollieren. _____

B Farblich war die Kleidung ganz auf gelbliche Töne abgestimmt. _____

C Seine randlose und farblose Brille sah toll aus, das musste man neidlos anerkennen. _____

D Die Ballschüsse des Stürmers waren glücklos und leider nicht erfolgreich. _____

E Daher warteten die Zuschauer vergeblich auf den Sieg. _____

Strategie Ableiten – *e* und *ä* sowie *eu* und *äu* unterscheiden

Methode	Wörter mit *ä* und *äu* ableiten

- **Ableiten** heißt: **verwandte Wörter mit *ä* und *äu* finden.**
- **Normalerweise** schreibt man *e* oder *eu*.
- Wenn es **verwandte Wörter mit *a* oder *au*** gibt, dann schreibt man *ä* oder *äu*, z. B.:

die W**e**lt – aber: er tr**ä**gt, denn: tr**a**gen   die L**eu**te – aber: l**äu**ten, denn: l**au**t

<u>Hinweis:</u> Wörter wie **Säbel** und **Bär** muss man sich **merken,** weil es kein verwandtes Wort mit *a* gibt.

e oder *ä* ?

1 Setze *e* oder *ä* ein. Schreibe zu den Wörtern mit *ä* das verwandte Wort mit *a* als Beweiswort dazu.

die Z **ä** hne

denn: *der Zahn*

die W **e** ge

denn: *kein verwandtes Wort mit a*

gef___hrlich

denn: _____

t___glich

denn: _____

das H___hnchen

denn: _____

st___mmig

denn: _____

fl___chig

denn: _____

die Z___cke

denn: _____

die N___hmaschine

denn: _____

das S___ckchen

denn: _____

die Gl___tte

denn: _____

l___cker

denn: _____

das B___llen

denn: _____

w___hlerisch

denn: _____

z___nkisch

denn: _____

2 In diesem Suchgitter findest du elf Wörter mit *ä*, die man sich merken muss.
Umrahme sie und schreibe sie alphabetisch geordnet neben dem Suchgitter auf.

A	L	L	M	Ä	H	L	I	C	H
E	E	R	S	Ä	B	E	L	R	N
R	H	A	G	K	Ä	F	E	R	H
B	X	Ä	R	G	E	R	N	V	A
G	U	B	A	B	W	Ä	G	E	N
C	X	G	Ä	H	N	E	N	E	X
R	G	E	L	Ä	N	D	E	R	Z
B	Ä	R	I	C	L	Ä	R	M	C
U	I	O	X	F	J	M	Ä	R	Z
W	T	H	Ö	Ä	H	R	E	E	F

_____

_____

_____

_____

_____

eu oder *äu?*

1 Setze *eu* oder *äu* ein.
Schreibe zu den Wörtern mit *äu* das verwandte Wort mit *au* als Beweiswort dazu.

das M_äu_schen

denn: _die Maus_

das Geb____de

denn: _____

k____flich

denn: _____

das Glockenl____ten

denn: _____

r____berisch

denn: _____

die R_eu_e

denn: _kein verwandtes Wort mit au_

der Str____wagen

denn: _____

s____men

denn: _____

ger____schlos

denn: _____

sch____men

denn: _____

h____slich

denn: _____

die Bauernschl____e

denn: _____

der N____mond

denn: _____

die Tr____merei

denn: _____

das S____getier

denn: _____

2 Die folgenden sechs Wörter mit *äu* musst du dir merken. Man kann sie nicht ableiten.
Trage die sechs Merkwörter in das Wortgitter ein.

Knäuel • Säule • räuspern • sträuben • erläutern • täuschen

1 | | | Ä | U | | | |
2 | | | | |
3 | | | | |
4 | | | | |
5 | | | | |
6 | | | | |

3 Arbeite mit einer Lernpartnerin oder einem Lernpartner. Lest euch gegenseitig Wörter mit *e/ä* und *eu/äu* vor.
Die Partnerin / Der Partner begründet die Schreibweise durch ein Beweiswort.
Für jede richtige Antwort gibt es einen Punkt. Wechselt euch ab.

4 Formuliere in deinem Heft mindestens drei Sätze, in denen möglichst viele Wörter mit *ä* und *äu*
●●● vorkommen.

Mit Strategien richtig abschreiben

Methode	Richtig abschreiben

- **Lies eine Zeile** des Textes und **merke** sie dir.
- **Schreibe die Zeile,** die du dir gemerkt hast, auf und **sprich** sie **mit.**
- **Lass dir Zeit,** während du die Zeile überträgst. Schreibe jeden **Buchstaben deutlich und leserlich.**
- **Kontrolliere dein Ergebnis** mit Hilfe der Zeile, die du abgeschrieben hast.
- Fahre mit der nächsten Zeile fort usw.

Kristian Pech

Schwieriger Zwerg

Der Zwerg wohnt in einem Berg
Der Berg ist ein Zwergberg
Der Zwerg ist ein Bergzwerg
Dem Bergzwerg im Zwergberg
5 Gehört ein Zwergbergwerk
Das Zwergbergwerk des Bergzwergs
Im Zwergberg ist ein
Zwergbergs-Bergzwergs-Zwergbergwerk
Der Bergzwerg im Zwergberg
10 Mit dem Zwergbergwerk ist ein
Zwergbergs-Zwergbergwerks-Bergzwerg
Der Zwergbergs-Zwergbergwerks-Bergzwerg
Mit dem Zwergbergs-Bergzwergs-Zwergbergwerk
Sucht dringend eine einfache Zwergin

1 Lies das Gedicht mehrere Male, bis du es sicher laut vorlesen kannst.

2 **a** Bereite dich vor, das Gedicht abzuschreiben:
Zerlege die zusammengesetzten Wörter, indem du einen Trennstrich ziehst.
b Markiere Stellen, an denen du verlängern musst, mit dem Strategiezeichen .

3 Schreibe das Gedicht fehlerfrei ab. Nutze die Methode „Richtig abschreiben".

Im Wörterbuch nachschlagen

- Um Wörter im **Wörterbuch** nachzuschlagen, musst du das **Alphabet** gut beherrschen.
- So sind die Wörter im Wörterbuch alphabetisch geordnet: nach dem ersten, dem zweiten, dem dritten Buchstaben usw., z. B.: *der Baum   der Berg   der Besen   der Beste ...*

1 Ordne die Wörter auf dem Fließband möglichst schnell nach dem Alphabet.
Stoppe die Zeit und vergleiche mit einem Lernpartner.

2 Bringe die folgenden Wörter mit dem Anfangsbuchstaben *F/f* in die richtige Reihenfolge.

Faden • Falke • fahren • Fackel • Fach • Fachfrau • Fachmesse • Fachleute • Fachwerk • Fantasy •
fertig • faul • fein

3 In dem Suchgitter verstecken sich zehn zusammengesetzte Wörter mit dem Anfangsbuchstaben *H*.
Markiere sie. Schreibe sie alphabetisch geordnet neben dem Gitter auf.

Q	H	A	A	R	K	L	A	M	M	E	R	P	J	K
P	J	R	L	D	J	H	A	L	B	J	A	H	R	A
U	N	X	C	V	H	A	G	E	L	K	O	R	N	O
H	A	I	F	I	S	C	H	F	L	O	S	S	E	N
H	A	N	D	B	R	E	M	S	E	X	Z	E	W	M
L	W	E	C	Q	H	A	C	K	M	E	S	S	E	R
V	D	C	H	A	L	B	F	I	N	A	L	E	J	B
A	L	H	A	F	E	N	P	O	L	I	Z	E	I	X
P	Y	R	H	A	C	K	E	N	T	R	I	C	K	Z
G	Ö	N	F	H	A	L	T	E	V	E	R	B	O	T

4 Übe mit dem Wörterbuch:
- **a** Übertrage daraus jeweils die ersten drei Wörter in dein Heft, die mit diesen Buchstaben beginnen: *B, K* und *L*.
- **b** Markiere für diese Wörter jeweils den Buchstaben, der die alphabetische Reihenfolge bestimmt, z. B.:
  Baum, Berg, Besen

Teste dich!

Strategien anwenden

1 Markiere in den Sätzen A bis D alle Wörter, die man verlängern muss, mit dem Strategiezeichen ⟳.
Hinweis: Du musst 15 Verlängerungszeichen einsetzen. (15 P.)

A Das Kind mag gerne leckeren Kuchen. Es isst liebend gerne Süßes.

B Der Mond hat an diesem Abend einen Rand, der hell leuchtet.

C Wenn die Nachtigall singt, hallt es weit ins Land.

D Der Rabe klaut dem jungen Vogel schnell die Beute, und der guckt dumm hinterher.

2 a Kreuze die sechs Wörter an, die man zerlegen muss, um die Schreibweise zu begründen.

b Zerlege die Wörter. Markiere alle Verlängerungsstellen so, z. B. *Wald|kauz*. (14 P.)

Hinweis: Du benötigst acht Verlängerungszeichen. ⟳ ⟳ ⟳ ⟳ ⟳ ⟳ ⟳ ⟳

☐ Büroklammer	☐ Weinbergschnecke	☐ Bergwanderung
☐ Handschuhe	☐ Tannennadel	☐ Waldweg
☐ Ballspiele	☐ Handbremse	☐ Geigenkasten

3 a Markiere in den Sätzen A bis D alle neun Ableitungsstellen mit dem Strategiezeichen ⚡.
b Schreibe die Beweiswörter dazu. (9 P.)

A Wegen der Straßenglätte waren wir täglich unpünktlich. *– denn: glatt*

B Die Turmbläser, die allnächtlich die Zeit angeben, gibt es nur noch selten. _____

C Das Kind träumte und kämmte dabei sein prächtiges Haar. _____

D Die Vögel verjagen die Räuber ihrer Nester mit lautem Krächzen. _____

4 Ordne die folgenden Hunderassen nach dem Alphabet. (11 P.)

> Chihuahua • Dobermann • Labrador • Dackel •
> Mops • Rottweiler • Beagle • Collie • Boxer • Spitz • Pudel

_____

_____

_____

_____

5 Prüfe deine Lösungen und die Punktezahl mit Hilfe des Lösungsheftes (▶ S. 24).

Rechtschreibung verstehen – Regeln anwenden

Wie spricht man die erste Silbe?

| **Information** | **Offene und geschlossene Silben unterscheiden** |

- Enden Silben mit einem **Vokal,** nennt man sie **offen**, z. B.: *sa gen*.
- Enden Silben mit einem **Konsonanten,** nennt man sie **geschlossen**, z. B.: *wan dern*.

1 Untersuche die Wörter im Wörterkasten.

a Ziehe unter jedes Wort die Silbenbögen und markiere alle offenen Silben grün.

> die Heizung • die Treppe • das Fenster • der Kamin • der Ofen • der Garten

b Ordne die Wörter richtig in die folgende Tabelle ein. Beachte die erste Silbe.

c Prüfe, wie man den Vokal der ersten Silbe spricht. Kreuze die richtigen Antworten unter der Tabelle an.

Erste Silbe offen

die _____ , der _____

Erste Silbe geschlossen

die _____ , das _____

der _____

Man spricht den Vokal   lang   kurz.

Man spricht den Vokal   lang   kurz.

2 Einsilber musst du verlängern, um die Silbe bestimmen zu können.
Verlängere die folgenden Wörter und ordne sie richtig in die Tabelle aus Aufgabe 1 ein.

> das Kleid • das Hemd • der Strumpf • der Rock • der Knopf • der Ring • der Stoff • die Hand •
> das Tal • der Berg • der Zug • der Fluss • die Maus • der Platz • das Gras

3 Bilde einen Satz. Bringe in diesem Satz möglichst viele Wörter aus den Aufgaben 1 und 2 unter.

Doppelte Konsonanten – Achte auf die erste Silbe

Information Regel für doppelte Konsonanten

- **Doppelte Konsonanten** schreibt man **nur,** wenn die **erste Silbe** geschlossen ist.
- Stehen an der **Silbengrenze zwei verschiedene Konsonanten, verdoppelt** man **nicht,** z. B.: zwei verschiedene Konsonanten: *die Brem se* – aber zwei gleiche Konsonanten: *der Brum mer.*
- Um die Regel anzuwenden, muss man Einsilber verlängern und zusammengesetzte Wörter zerlegen.

1 **a** Schwinge die Wörter, die auf der Fahne stehen. Markiere die erste Silbe grün, wenn sie offen ist.

die Skizze   der Pirat   der Zettel   das Zeichen   das Skelett
die Flagge   der Schädel   der Süden

b Sortiere die Wörter in deinem Heft in eine Tabelle wie folgt ein.

Erste Silbe offen	Erste Silbe geschlossen

c Betrachte deine Tabelle und vervollständige die folgende Regel.

Regel: Doppelte Konsonanten schreibt man nie, wenn die erste Silbe _____ ist.

2 **a** Verlängere die folgenden Verben, um die Regel anwenden zu können. Sprich die Wörter laut.

er: baut • passt • bellt • kommt • meint • freut • schreibt • rollt • träumt • schafft • füllt • glaubt • nennt

b Liste die Verlängerungswörter wie folgt in deinem Heft auf.

Erste Silbe offen	Erste Silbe geschlossen
wir _____ , wir _____	

3 Zerlege die folgenden Wörter und entscheide: einfacher oder doppelter Konsonant?

z. B.: der Renn/wagen – denn: *rennen*   das Glatt/eis – denn: *die Glätte*

l/ll: Ba____spiele – denn: _____   Wa____dgebiete – denn: _____

m/mm: Bre____sspur – denn: _____   Schwi____meister – denn: _____

n/nn: Bre____eisen – denn: _____   Bra____dursache – denn: _____

p/pp: Hu____konzert – denn: _____   Sü____chen – denn: _____

Zwei Konsonanten – Gleich oder verschieden?

1 **a** Schwinge die folgenden Wörter. Markiere die Buchstaben an der Silbengrenze, z. B.: *die But ter, tan zen*.

> der Schlitten • die Schilder • die Schiffe • die Schufte • die Rinne • die Rinde • die Kammer • die Fremde

b Ordne die Wörter richtig in eine Tabelle wie folgt ein. Schreibe in dein Heft.

Zwei gleiche Konsonanten	Zwei verschiedene Konsonanten

c Betrachte deine Tabelle. Vervollständige die folgende Regel mit: *geschlossen/offen   verschiedene/gleiche*.

Regel: Wenn die erste Silbe _____ ist, dann stehen an der Silbengrenze

immer zwei _____ oder zwei _____ Konsonanten.

2 **a** Verlängere die folgenden Verben, um die Regel anwenden zu können. Sprich die Wörter laut.

sie: bellt • springt • stellt • rutscht • tanzt • schwimmt • schimpft • lernt • fällt

b Trage die Verlängerungswörter in die Tabelle aus Aufgabe 1 ein.

3 Lies das Gedicht mehrere Male, bis du es sicher laut vorlesen kannst.

Boy Lornsen

Kümmelwurz und Lümmelwurz

Im Walde stand ein Kümmelwurz
so aufrecht wie ein Ritter.
Daneben wuchs der Lümmelwurz
und der war gallebitter.
5 Nun riet der schlaue Lümmelwurz
dem nicht so schlauen Kümmelwurz:
Wir tauschen unsere Blätter.
Dann wird aus Kümmel Lümmelwurz
und aus dem Lümmel Kümmelwurz.
10 Das fände jeder netter.

Da nahte Witwe Krüngelpurz,
die suchte einen Kümmelwurz,
dass der die Suppe würze.
Drum pflückte sie den Kümmelwurz,
15 der eigentlich ein Lümmelwurz,
und tat ihn in die Schürze.
Und so verdarb ein Lümmelwurz,
der äußerlich ein Kümmelwurz,
ihr eine gute Suppe;
20 denn der ganz echte Kümmelwurz,
der aussah wie ein Lümmelwurz,
war dieser Frau ja schnuppe.

4 Worum geht es in dem Gedicht? Kreuze die richtigen Aussagen an.

☐ Es geht um ein Tier.

☐ Es geht um ein Gewürzkraut, das einer Frau die Suppe verdirbt.

☐ Es geht darum, dass zwei Pflanzen ihre Blätter tauschen und eine Frau sie deshalb verwechselt.

5 Markiere im Gedicht:
– Fünf Wörter mit doppelten Konsonanten orange.
– Fünf Wörter, in denen die erste Silbe offen ist, grün.
– Fünf Wörter, die du verlängern musst, mit dem Strategiezeichen .

i oder *ie?* – Achte auf die erste Silbe

| **Information** | **Regel für Wörter mit *i* oder *ie*** |

- Die **meisten Wörter** mit *i*-Laut schreibt man mit einfachem *i*.
  Man schreibt **immer *i*,** wenn die **erste Silbe geschlossen** ist, z. B.: *das Sig nal.*
- Man schreibt **nur *ie*,** wenn die **erste Silbe offen** ist, z. B.: *die Zie le.*
  Diese Regel gilt **nur für zweisilbige deutsche Wörter,** nicht bei Fremdwörtern.

1 **a** Schwinge die nachstehenden Wörter. Markiere die erste Silbe im Wort grün, wenn sie offen ist.

der Riese • die Rinder • die Wiese • die Winde • die Spiele • die Bilder • der Spiegel • der Springer • die Stiele

b Ordne die Wörter richtig in die folgende Tabelle ein.

c Prüfe, wie man die erste Silbe spricht. Kreuze die richtigen Antworten unter der Tabelle an.

Wörter mit *ie*	**Wörter mit *i***

Man schreibt *ie*, wenn die erste Silbe

offen ☐ / geschlossen ☐ ist.

Man schreibt *i*, wenn die erste Silbe

offen ☐ / geschlossen ☐ ist.

2 Einsilber musst du verlängern, um die Schreibweise zu beweisen.
Verlängere die folgenden Verben, und ordne sie richtig in die Tabelle aus Aufgabe 1 ein.

er: liegt • ringt • schiebt • klingt • gießt • schimpft • friert • schließt • bringt • schwimmt • sprießt • spritzt • zielt

3 Bilde einen Satz mit mindestens fünf *i/ie*-Wörtern.
●●● Markiere die Wörter, wenn sie verlängert werden müssen.

gießen

4 **a** In dem Suchgitter findest du waagerecht zehn zusammengesetzte *i/ie*-Wörter. Umrahme sie.

R	I	C	H	T	E	R	S	P	R	U	C	H	N	S	E
D	P	N	X	W	V	A	W	I	L	D	H	Ü	T	E	R
D	R	S	C	H	I	L	D	K	R	Ö	T	E	Y	A	Q
A	H	V	H	C	N	I	E	S	A	N	F	A	L	L	D
E	F	B	Z	I	E	H	H	A	R	M	O	N	I	K	A
T	I	E	R	S	C	H	U	T	Z	G	E	S	E	T	Z
K	K	D	I	E	N	S	T	A	U	S	W	E	I	S	Z
G	B	O	B	L	I	T	Z	A	B	L	E	I	T	E	R
Z	I	E	L	F	E	R	N	R	O	H	R	Ä	Ä	X	Ä
E	H	A	G	I	F	T	S	T	A	C	H	E	L	M	E

Ziehharmonika

b Ordne die zehn Wörter aus dem Suchgitter in die folgende Tabelle ein und begründe: *i* oder *ie*?
z. B.: *das An/spiel – denn: die Spie le*   *der Bind/faden – denn: bin den*

Wörter mit *ie*	**Wörter mit *i***
_____ – denn:	_____ – denn:
_____ – denn:	_____ – denn:
_____ – denn:	_____ – denn:
_____ – denn:	_____ – denn:
_____ – denn:	_____ – denn:

5 Setze in die Sätze A bis E richtig ein: *i* oder *ie*?

A S____ben junge W____ldz____gen sp____len auf der W____se und überz____hen die Täler mit dem

Kl____ngeln ihrer Glocken.

B V____rzehn kleine Schn____rkelschnecken flüchten vor den feindl____chen Angr____ffen

und verz____hen sich in ihre Gehäuse.

C Der Duft von Z____mtschnecken und B____nenst____ch lässt mir das Wasser im Mund

zusammenfl____ßen und ich beiße g____rig in den Kuchen h____nein.

D V____rundv____rzig kl____tzekleine W____selk____nder fl____hen z____lstrebig vor den

lärmenden Menschenk____ndern und verz____hen sich in den s____cheren Bau.

E Der Hon____g der B____nen verlockt kleine n____dl____che Bärenk____nder zum z____mlich

gemeinen D____bstahl.

6 Wiederhole die Regel für Wörter mit *ie* (▶ S. 86). Ergänze den folgenden Satz:

Man schreibt nur *ie*, wenn die _____ Silbe _____ ist, z. B.: *die Zie le*. Diese Regel gilt

nur für _____, nicht für _____ und _____.

7 **a** Trage diese Wörter in das Wortgitter unten ein:

senkrecht: 1. Turbine, 2. Zigarre, 3. Sambia, 4. Variante, 6. Delfine, 8. Sultanine, 10. Trinidad, 11. Maschine

waagerecht: 5. Mediziner, 7. Tripolis, 9. Zigarette, 12. Brasilien, 13. Ölsardine, 14. Argentinien

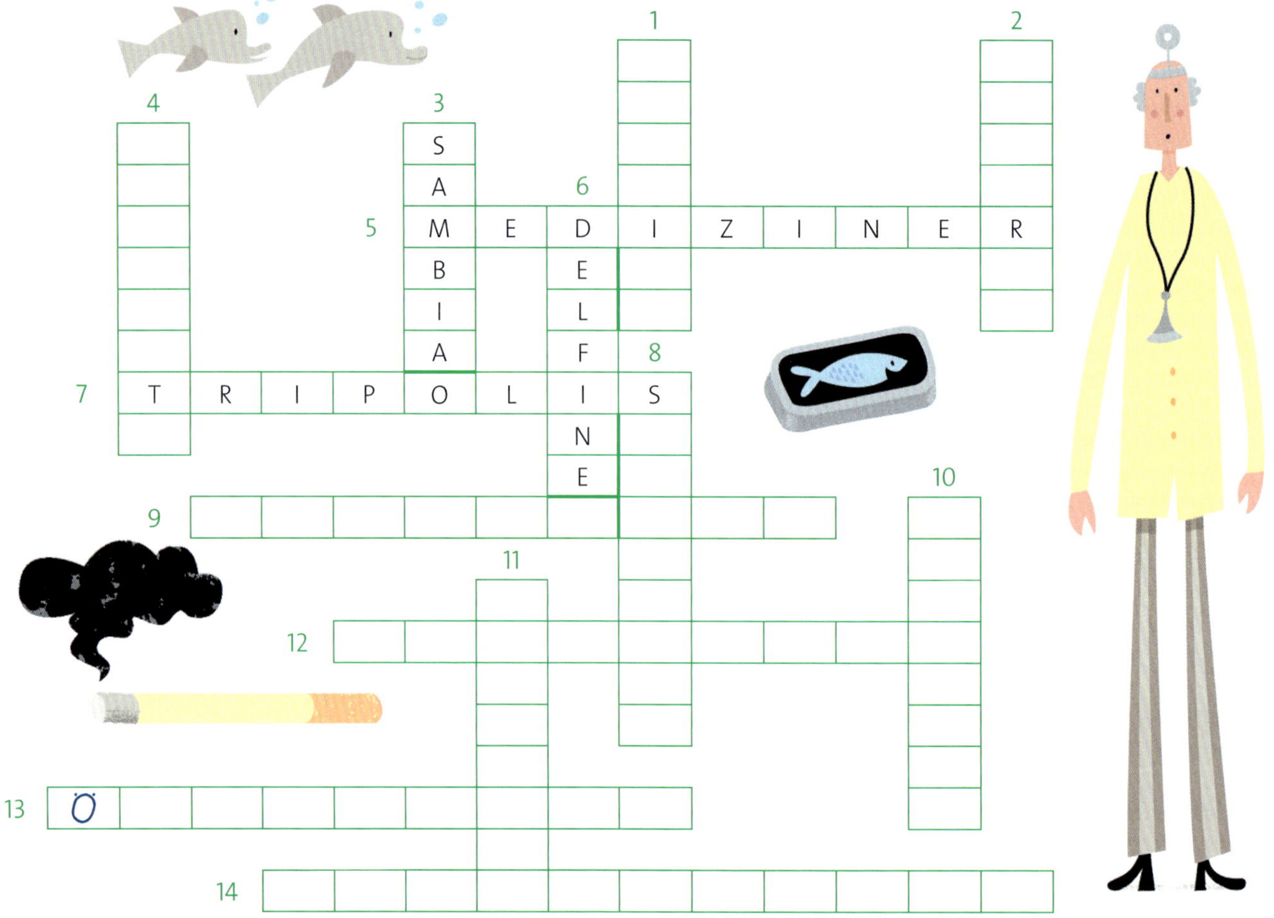

```
              4        3      S                    1                              2
                              A          6
                      5       M  E  D  I  Z  I  N  E  R
                              B          E
                              I          L
                              A          F     8
              7    T  R  I  P  O  L  I  S
                              N
                              E
              9                                                    10
                          11
                      12
         13   Ö
              14
```

b Erkläre: Warum schreibt man diese Wörter nicht mit *ie*?

_____

_____

8 **a** Das Wort „Maschine" gehört zu den Wörtern, die sehr häufig falsch geschrieben werden. Erweitere die Liste der Maschinen zum: *Backen, Binden, Legen, Waschen, Drucken, Schälen, Biegen ...*

Brotbackma_____ , _____

_____

b Formuliere in deinem Heft Sätze mit den Maschinenwörtern, z. B.:
Eine Maschine, mit der man Spargel schält, ist eine Spargelschälmaschine.

Wörter mit *h* – Hören oder merken?

Information   **Regel für Wörter mit *h***

- Bei **einsilbigen Wörtern** kann man das *h* nicht hören. Wenn man sie **verlängert,** erscheint das *h* bei vielen Wörtern zu Beginn der **2. Silbe.** Es **öffnet** die 2. Silbe **hörbar,** z. B.: *dre hen*.
- Bei anderen Wörtern bleibt das *h* in der **1. Silbe** stehen. Es ist **nicht hörbar.**

- Diese Wörter sind **Merkwörter,** z. B.: die *Boh nen*.

1 Prüfe die folgenden Verben mit *h*. Um welches *h* handelt es sich jeweils?
Markiere die Wörter wie im Beispiel mit  oder Ⓜ.

sie: zieht • zehn • das Mahl • mahlt • zählt • blüht • sieht • wählt • früh • zäh • wohnt • der Zahn • weh

2 Auf dem Notizzettel findest du wichtige h-Wörter, die man sich merken muss.
Ordne sie in die nachstehende Wörterliste richtig ein.

kühl • der Draht • lehren • ähnlich • die Kohle • die Ehre • allmählich • die Bahn • der Hohn • dehnen • mehr • die Sahne • der Mohn • der Lohn • der Ruhm • die Uhr • die Bühne • das Mehl • der Sohn

Wörter mit *ah/äh*	Wörter mit *eh*	Wörter mit *oh/öh*	Wörter mit *uh/üh*

3
a Markiere in den Sätzen eins bis sechs alle *h*-Wörter, die man sich merken muss, mit dem Strategiezeichen .
●●●   **b** Markiere alle Wörter grün, in denen man das *h* hört, wenn man das Wort verlängert.
c Was gehört zusammen? Verbinde die Sätze sinnvoll mit Pfeilen.
d Schreibe die Sätze richtig in dein Heft.

1 Der Mohn blüht rot, …   … und das lässt alle Dorfbewohner früh aufstehen.

2 Die Mühle hat Windflügel, …   … und fuhr in den Graben.

3 Der Zahnarzt zieht den Zahn, …   … weil er seit zehn Tagen schmerzt.

4 Der Fahrer des Wagens verlor die Kontrolle …   … und sein Sohn holt die berühmten Frühstückseier.

5 Der Züchter hält die Hühner in einem Stall, …   … und er blüht früh im Jahr.

6 Der Hahn kräht in der Frühe,   … die die Mühlsteine drehen, die das Korn mahlen.

s oder ß? – Summend oder zischend?

Regeln für Wörter mit s-Laut (Teil 1)

- Man schreibt **s**, wenn die **1. Silbe offen** ist und man den **s-Laut stimmhaft summend** spricht, z. B.: *die Grä ser, die Mäu se.*
- Man schreibt **ß**, wenn die **1. Silbe offen** ist und man den **s-Laut stimmlos zischend** spricht, z. B.: *die Flö ße, die Grü ße.*

Um diese Regeln für den s-Laut anzuwenden, braucht man das zweisilbige Wort.

<u>Hinweis</u>: Lege deine Hand auf den Kopf, und achte auf die Aussprache. Den zischenden s-Laut merkst du nicht, aber den summenden s-Laut merkst du in der Hand.

1 **a** Lies deutlich die sechs Wörter in der Tabelle. Wie sprichst du den s-Laut?
   b Kreuze die richtigen Antworten unter der Tabelle an.

Wörter mit *s*	Wörter mit *ß*
die Rose, der Hase, das Wesen	*draußen, außen, grüßen*

	Die erste Silbe ist offen.			Die erste Silbe ist offen.
	Die erste Silbe ist geschlossen.			Die erste Silbe ist geschlossen.
	Den s-Laut spricht man summend.			Den s-Laut spricht man summend.
	Den s-Laut spricht man zischend.			Den s-Laut spricht man zischend.

2 Bei Einsilbern hörst du den Unterschied zwischen *s* und *ß* nicht.
   a Verlängere die folgenden Wörter. Entscheide: *s* oder *ß*?
   b Trage die Verlängerungswörter richtig in die Tabelle aus Aufgabe 1 ein.

der Prei____ • der Strau____ • das Ma____ • das Ei____ • der Sto____ • das Gla____ • hei____ • das Lo____

3 Zerlege die Wörter im „Summ-und-Zischkasten". Schreibe sie ins Heft und ordne sie den Wortfamilien (▸ S. 55) zu:
   A *das Los*   B *der Stoß*   C *das Glas*

stoßempfindlich • die Lostrommel • die Glasflasche • die Glasnudel • stoßfest • die Glastür • die Stoßrichtung • der Glasmaler • der Stoßdämpfer • die Glasbläser • der Losverkäufer • der Abstoß • der Loskauf

4 Formuliere in deinem Heft einen Satz, in dem mindestens drei Wörter mit *s* oder *ß* vorkommen.

ss oder ß? – Achte auf die erste Silbe

- Man schreibt *ss*, wenn die **1. Silbe geschlossen** ist. Den **s-Laut** spricht man **zischend.**
- Man schreibt *ß*, wenn die **1. Silbe offen** ist und man den **s-Laut zischend** spricht.

Um diese Regeln für den s-Laut anzuwenden, braucht man das zweisilbige Wort.

---

1 a Schwinge die sechs Wörter in der Tabelle. Wie sprichst du den s-Laut? ☐ zischend ☐ summend
   b Kreuze in den beiden letzten Zeilen den entscheidenden Unterschied an.

Wörter mit *ß*	Wörter mit *ss*
die Maße, die Flöße, reißen	*die Masse, die Flosse, die Risse*
Die erste Silbe ist ☐ offen / ☐ geschlossen.	Die erste Silbe ist ☐ offen / ☐ geschlossen.
Den s-Laut spricht man ☐ summend / ☐ zischend.	Den s-Laut spricht man ☐ summend / ☐ zischend.

---

2 Bei Einsilbern hörst du den Unterschied zwischen *ss* und *ß* nicht.
   a Verlängere die folgenden Wörter. Entscheide: *ss* oder *ß*?
   b Trage die Verlängerungswörter richtig in die Tabelle aus Aufgabe 1 ein.

das Fa＿＿ • der Strau＿＿ • das Ma＿＿ • der Fu＿＿ • der Sto＿＿ • der Ha＿＿ • wei＿＿ • der Flu＿＿

---

3 Zerlege die Wörter im Kasten. Ordne sie wie im Beispiel den Wortfamilien A bis D zu.

mäßig • das Maßband • wissenswert • der Reißwolf • wissbegierig • massig •
der Reißverschluss • die Wissenschaft • die Maßangabe • die Reißzwecke •
massenhaft • die Maßeinheit • reißfest • der Massenbedarf

A das Maß: *mäß[ig],* ＿＿＿＿＿＿＿＿＿＿＿＿

B die Masse: ＿＿＿＿＿＿＿＿＿＿＿＿＿＿＿＿＿＿＿

C reißen: ＿＿＿＿＿＿＿＿＿＿＿＿＿＿＿＿＿＿＿＿＿

D wissen: ＿＿＿＿＿＿＿＿＿＿＿＿＿＿＿＿＿＿＿＿＿

---

4 Formuliere einen Satz, in dem mindestens drei Wörter mit *ss* oder *ß* vorkommen.

ss oder ß in einer Wortfamilie – Achte auf die erste Silbe

| Information | Wörter mit *ss* und *ß* in einer Wortfamilie |

- In manchen Wortfamilien kann sich die Schreibweise ändern, z. B.:

  schießen, aber: der Schuss – denn: die Schüsse
- **Nur durch Schwingen und Verlängern** kann man die Schreibweise ermitteln.

1 In einer Wortfamilie (► S. 55) können die Schreibweisen zwischen Nomen und Verben unterschiedlich sein. Ergänze die Tabelle in deinem Heft. Orientiere dich am ersten Beispiel.

Nomen	Verb im Präsens	Verb im Präteritum	Verb im Perfekt
der Schuss – denn: die Schüsse	*er schießt – denn: wir schießen*	*er schoss – denn: wir schossen*	*er hat geschossen*
der ...	*er fließt – denn: wir ...*	*...*	*er ist ...*
das Schloss – denn: die ...	*...*	*...*	*...*
der ...	*...*	*er riss – denn: wir ...*	*...*
der Genuss – denn: die ...	*...*	*...*	*er hat genossen*
...	*...*	*...*	*er hat gebissen*
der Schluss – denn: ...	*...*	*...*	*...*

2 a Setze ein: *ss* oder *ß*?

A In der Hitze taucht man   damit er gut klingt.

B Ein Ma_____band nutzt man,   dem es gefällt, Sü_____es zu e_____en.

C Im Chor mu_____ es Ba_____stimmen geben,   um die Länge von Gegenständen zu me_____en.

D Ein Sü_____schnabel ist jemand,   wie weit das Wa_____er pro Sekunde flie_____t.

E Bei der Flie_____geschwindigkeit des Flu_____es mi_____t man,   damit es seine Beute rei_____en und bei _____en kann.

F Das Gebi_____ des Raubtiers mu_____ in Ordnung sein,   seine Fü_____e am besten genu_____voll ins Wa_____er.

b Was gehört zusammen? Verbinde mit Pfeilen und schreibe die Sätze A bis F in deinem Heft richtig auf.

Teste dich!

Regeln anwenden

1 **Markiere alle offenen Silben grün. (28 P.)**

der Speisewagen	die Güterzüge	die Lokomotive	das Automobil
die Teufelskralle	der Frauenmantel	die Glockenblume	die Kletterrose
Andreas	Johannes	Marlene	Hannelore

2 **Prüfe die Aussagen A bis D. Streiche die beiden falschen Aussagen durch. (2 P.)**

A Ist die erste Silbe geschlossen, spricht man den Vokal kurz.
B Ist die erste Silbe geschlossen, spricht man den Vokal lang.
C Ist die erste Silbe geschlossen, schreibt man an der Silbengrenze einen Konsonanten.
D Ist die erste Silbe geschlossen, schreibt man zwei gleiche oder zwei verschiedene Konsonanten.

3 **a In diesen acht Namen findest du offene Silben mit *i*. Markiere diese offenen Silben grün. (12 P.)**

Argentinien	Brasilien	Trinidad	Nicaragua
Liliane	Frederike	Kristina	Elisabeth

b Formuliere eine Begründung, weshalb diese Namen nicht mit *ie* geschrieben werden. (1 P.)

_____

4 ***s, ss* oder *ß*? Ordne die folgenden Wörter richtig in die Tabelle ein.**
Verlängere sie dazu und setze die Buchstaben richtig ein. (9 P.)

hei **?** • das Ei **?** • sü **?** • der Flu **?** • das Glei **?** • der Bi **?** • bla **?** • das Ma **?** • das Gra **?**

Wörter mit s (der Be<u>s</u>en)	Wörter mit ss (be<u>ss</u>er)	Wörter mit ß (grö<u>ß</u>er)

5 ***s, ss* oder *ß*? Zerlege die neun Wörter und setze ein, z. B.: *die Gras|mücke – die Gräser*. (9 P.)**

die Flei___arbeit – _____	der Hei___luftofen – _____	die Ba___gitarre – _____
die Ei___sorten – _____	der Schlo___park – _____	der Nu___knacker – _____
der Wei___dorn – _____	der Schlu___punkt – _____	der Gla___tisch – _____

6 **Prüfe deine Lösungen und die Punktezahl mit Hilfe des Lösungsheftes (▶ S. 27).**

Groß- und Kleinschreibung

Information	Die Großschreibung

Groß schreibt man **Nomen** (auch **Namen**), **Überschriften** und **Satzanfänge**.

---

1 Während sie seilspringen, sagen zwei Kinder Verse auf.

a Markiere in den Versen alle Nomen (auch Namen).

Hinweis: Die Nomen sind in den Versen fälschlicherweise kleingeschrieben.
Nomen kannst du leicht durch verschiedene Proben erkennen (▶ S. 95).

> A, ich heiße agnes,
>
> und mein mann, der heißt alphonse.
>
> Wir kommen aus alabama
>
> und bringen aprikosen mit.

> B, ich heiße berta,
>
> und mein mann, der heißt bernhard.
>
> Wir kommen von den bermudas
>
> und bringen bälle mit.

b Die beiden Strophen sind gleich aufgebaut. Beschreibe, was in den Versen eins bis vier jeweils vorkommen muss. Nutze folgende Begriffe: Name, Partnername, Ort, Anfangsbuchstabe, Mitbringsel.

_____

_____

c Zwei andere Kinder erfinden dagegen Unsinnsverse. Vervollständige diese Verse.

> N, Ich heiße Nilpferd,
>
> und mein Mann heißt _____ .
>
> Wir kommen aus _____
>
> und bringen _____ .

---

2 Erfinde eine Strophe wie in Aufgabe 1 a, b oder c, die zum Anfangsbuchstaben deines Namens passt.

_____

_____

_____

---

3 Nimm die Buchstaben deines Vornamens und schreibe dazu Verse in deinem Heft auf.

●●●

Nomen erkennen – Luftschiffe (Teil 1)

Methode	**Nomen durch Proben erkennen**

- **Artikelprobe:** Vor Nomen kann man einen Artikel setzen, z. B.: *der Baum, die Suppe, das Licht.*
  Artikel können sich auch „verstecken", z. B.: *zum (= zu dem), zur (= zu der), beim (= bei dem).*
- **Zählprobe:** Nomen kann man zählen, z. B.: *vier, einige, viele Bäume.*
- **Adjektivprobe:** Nomen kann man durch Adjektive näher beschreiben, z. B.: *der hohe Baum.*

Sally Nicholls

Wie man unsterblich wird

Sam, die Hauptfigur in dem Roman „Wie man unsterblich wird", ist ein Fan von Luftschiffen.
Er hat dazu recherchiert.

1 Das erste Luftschiff wurde 1784 gebaut, als Jean-Pierre Blanchard einen Ballon mit einer Luftschraube ausrüstete, die mit der Hand betrieben wurde.

2 Das erste richtige Luftschiff wurde 1852 von dem Erfinder Henri Giffard gebaut. Es wurde mit Dampf betrieben.

3 Ein Luftschiff gilt als Schiff, nicht als Flugzeug, weswegen man mit einem Luftschiff eigentlich auch nicht fliegt, sondern fährt.

4 Eines der berühmtesten Luftschiffe war die Hindenburg.
Sie war so etwas wie ein großes Hotel, das fliegt.
1937 fing sie Feuer und explodierte.

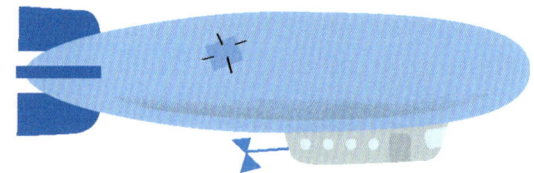

5 Im Weltkrieg begleiteten Luftschiffe ungefähr 89 000
Schiffsverbände mit Lebensmitteln und
vielen notwendigen Dingen. Keines der Schiffe wurde je durch Angriffe versenkt.

6 Die Luftschiffe trieben über feindlichen U-Booten dahin und bombardierten sie.
Sie waren großartig, weil sie sehr langsam waren und nicht vom Radar entdeckt werden konnten.

7 Luftschiffe taugen nicht besonders zum Angriff. Sie eignen sich besser zur Verteidigung.

8 Ein Skyship 600 (mit dem ich gefahren bin) ist 61 Meter lang und 20,3 Meter hoch.
Es hat einen Durchmesser von 19,2 Metern und ein Volumen von 7188 Kubikmetern.

1 Stimmt der folgende Satz? Kreuze an: ja nein .

Das von Henri Giffard erfundene Luftschiff hieß Hindenburg.

2 Markiere im Text die Nomen mit dem Strategiezeichen .

3 Kennzeichne die Begleiter der Nomen wie folgt:
Unterstreiche <u>Artikel</u> und <u>versteckte Artikel</u>, umrahme Zahlwörter , markiere Adjektive gelb.

4 Einige Nomen im Text haben keine Begleiter.
Führe bei mindestens zwei Nomen ohne Begleiter eine der Nomenproben durch.

Schiff – das Schiff,

Nomen erkennen – Luftschiffe (Teil 2)

1 Über Luftschiffe kann man noch viel mehr erfahren.
●●● Lies den Text und berichtige in deinem Heft inhaltlich den folgenden Satz:

> Die wenig dichte Bebauung in Städten macht es den Luftschiffen möglich, an Hochhäusern zu ankern.

Informationen über luftschiffe

Heute werden die **luftschiffe** vor allem für die **werbung** eingesetzt. Aber bis in die ersten **jahrzehnte** des 20. **jahrhunderts** waren die großen **luftschiffe** die **pioniere** des **luftverkehrs**. Mit ihnen konnte man den **atlantik**
5 überqueren und ohne zwischenstopp nach **amerika** kommen. Zwar waren sie mit höchstgeschwindigkeiten von 100 bis 150 km/h langsam, aber dafür konnten sie fast überall landen. Dazu brauchten sie nur einen **ankermast** auf einem freien **feld** und nicht wie die
10 **flugzeuge** große **flughäfen**.

In den 1920er- und 1930er-jahren wurden in vielen **gebieten** und **städten** hohe **luftschiffmasten** errichtet.

Es gab sogar die **idee**, **luftschiffe** an **wolkenkratzern** anlegen zu lassen. So sollte die **spitze** des 1931 eröffneten Empire State Buildings als **ankermast** dienen und 15 im 86. **stockwerk** sollten die **passagiere** abgefertigt werden. Dabei hatte man vergessen, dass die dichte **bebauung** mit hohen **häusern** wind erzeugt, der es den **luftschiffen** unmöglich machte, in dieser **höhe** anzulegen. Man hätte **wasser** als **ballast** abwerfen müssen, 20 um besser manövrieren zu können. Aber das wäre dann in den **straßenschluchten** gelandet. Jedenfalls hat nie ein **luftschiff** an einem **wolkenkratzer** von New York angelegt.

2 a Prüfe, ob es sich bei den hervorgehobenen Wörtern im Text um Nomen handelt.
●●● Markiere die Nomen mit dem Strategiezeichen .
b Unterstreiche Artikel, markiere Adjektive gelb.
c Finde im Text die fünf Nomen, die nicht hervorgehoben worden sind.

3 a Auch im nächsten Text sind alle Nomen kleingeschrieben. Markiere sie mit dem Strategiezeichen .
●●● b Wähle fünf Beispiele. Beweise mit einer der Nomenproben, dass es sich um Nomen handelt. Arbeite im Heft.

„Kopfstand" am Ankermast

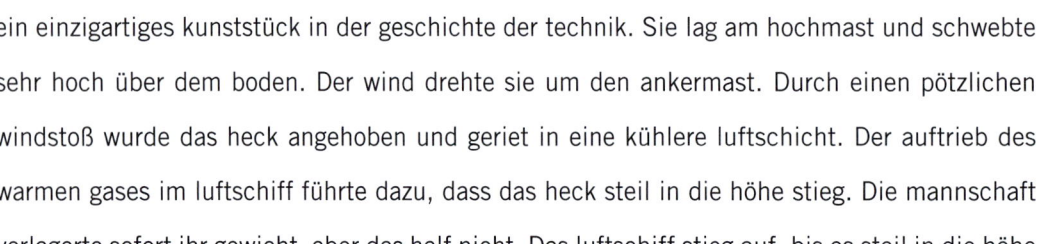

Am 25. august 1927 veranstaltete die *USS Los Angeles,* ein luftschiff von über 200 m länge, ein einzigartiges kunststück in der geschichte der technik. Sie lag am hochmast und schwebte sehr hoch über dem boden. Der wind drehte sie um den ankermast. Durch einen pötzlichen windstoß wurde das heck angehoben und geriet in eine kühlere luftschicht. Der auftrieb des warmen gases im luftschiff führte dazu, dass das heck steil in die höhe stieg. Die mannschaft verlagerte sofort ihr gewicht, aber das half nicht. Das luftschiff stieg auf, bis es steil in die höhe ragte. Nach diesem vorfall ging man vom konzept der hochmasten weg und baute niedrigere konstruktionen. Heute nutzt man fast nur noch bewegliche ankermasten, die auf autos oder schiffen stationiert sind und die man nach bedarf hochfahren kann.

Typische Nomenendungen beachten

Methode	Nomen an Endungen erkennen

Wörter mit den Endungen (Suffixen) *-heit, -keit, -nis, -schaft, -tum, -ung* sowie *-er, -in, -ei* sind Nomen, z. B.:
*die Gesund**heit**, die Fröhlich**keit**, das Ärger**nis**, die Mann**schaft**, das Eigen**tum**, die Rett**ung**, der Rett**er**, …*

1 Schreibe die Wörter aus der Wörterschlange mit ihren Artikeln auf.
Sortiere sie nach ihren Endungen in die folgenden sechs Spalten ein. Übertrage sie in dein Heft.

Wörter mit *-heit*	Wörter mit *-keit*	Wörter mit *-nis*

Wörter mit *-schaft*	Wörter mit *-tum*	Wörter mit *-ung*

2 Nomen mit den Endungen *-er, -in* und *-ei* haben unterschiedliche Bedeutungen.
●●● Lege in deinem Heft eine Tabelle mit drei Spalten an, die diese Überschriften haben:
Ort/Tätigkeit, männliche Form, weibliche Form.
Ordne dann die Wörter aus dem Wortspeicher zu. Ergänze jeweils die fehlenden Wörter.

Wortspeicher

die Schusterin • die Bäckerei • die Meisterei • der Fischer • die Jägerei • die Bäckerin • die Reiterei •
der Bäcker • der Flieger • die Schreinerei

Aus Verben und Adjektiven Nomen bilden

1 Bilde aus den Verben und Adjektiven Nomen. Hänge an ein Verb oder Adjektiv einen Baustein, ein Suffix, an.
Schreibe das Nomen mit Artikel auf, z. B.: *die Wohnung, die Freiheit.*

Verben		Adjektive		Bausteine
wohnen	ergeben	dunkel	dumm	-heit
zeugen	belohnen	krank	tapfer	-keit
machen	wagen	bereit	pünktlich	-schaft
üben	behandeln	steif	farbig	-tum
erben	darstellen	frei	schwierig	-ung
leiden	verzeichnen	reich	herzlich	-nis

_____

_____

_____

_____

_____

_____

2 Bilde aus den markierten Verben und Adjektiven Nomen. Setze sie wie im ersten Beispiel richtig ein.

A Im Urlaub **erleben** wir etwas Aufregendes. Das *Erlebnis* werden wir nicht so schnell vergessen.

B In der Flughalle werden die Koffer **abgefertigt.** Diese _____ dauert nicht lange.

C Das Kind hat die Schmerzen **tapfer** ertragen, als es **behandelt** wurde. Danach wurde es **belohnt.**

Das Kind ertrug seine Schmerzen mit großer _____.

Nach der _____ bekam es eine _____.

D Wenn es **dunkel** ist, fürchte ich mich. In der _____ fürchte ich mich.

E Es ist bestimmt schön, **reich** zu sein, aber der _____ allein ist nicht schön.

3 Korrigiere die folgenden falsch gebildeten Nomen. Füge die richtigen Bausteine an.

die Schöntum _____   die Pünktlichheit _____   die Frechkeit _____

das Erlebschaft _____   die Vergebnis _____   die Dunkeltum _____

die Dummkeit _____   die Wildkeit _____   *oder* die _____

Rechtschreibung trainieren: Eigendiktat

Methode	Ein Eigendiktat durchführen

1 Lies den ganzen Text einmal durch.

2 Lies jeden Satz erneut und unterteile ihn durch Striche | in Sinneinheiten.

3 Präge dir je eine Sinneinheit ein und schreibe sie aus dem Gedächtnis auf.

4 Kontrolliere das Aufgeschriebene genau, indem du es Wort für Wort mit dem Diktattext abgleichst.

5 Verbessere Fehlerwörter.

Hinweis: Wenn du einen Lernpartner oder eine Lernpartnerin hast, könnt ihr auch ein **Partnerdiktat** durchführen. Diktiert euch gegenseitig und überprüft und verbessert die geschriebenen Texte gemeinsam.

1 Der folgende Textanfang ist bereits in Sinnabschnitte unterteilt.
Führe die Schritte 1, 3, 4 und 5 des Eigendiktats durch.
Hinweis: Achte bei der Kontrolle des Geschriebenen besonders auf Nominalisierungen.

(erzählt nach) Oscar Wilde

Der selbstsüchtige Riese

Wenn die Kinder am Nachmittag aus der Schule kamen, | gingen sie immer zum Spielen | in den Garten des Riesen. | Hier gab es Wunderschönes zu sehen: | prächtige Blumen und zahlreiche Pfirsichbäume, | die im Frühjahr zarte Blüten | in den Farben Rosa und Perlweiß hervorbrachten | und im Herbst reiche Früchte trugen. | Die Kinder hörten den Vögeln gern beim Singen zu | und riefen ein wenig ausgelassen: | „Am schönsten ist es doch im Garten des Riesen!" | Doch eines Tages passierte etwas Unerwartetes. | Der Riese kehrte nach sieben Jahren | in sein Schloss zurück. | Als er dort ankam, | sah er die Kinder in seinem Garten spielen. | „Was macht ihr hier Verbotenes?", | schrie der selbstsüchtige Riese, | errichtete eine hohe Mauer | rings um den Garten | und stellte ein Schild auf: | Das Betreten des Gartens ist bei Strafe verboten!

2 Führe mit dem folgenden Textabschnitt ein Eigendiktat durch.

Die armen Kinder hatten nun keinen Ort mehr, wo sie etwas Schönes spielen konnten. Dann kam der Frühling, nur im Garten des Riesen war immer noch Winter. Man hörte dort keine Vögel zwitschern und man sah nichts Blühendes, weil keine Kinder mehr da waren. Die Natur hatte sich zum Schlafen zurückgezogen. „Ich kann nicht verstehen, was hier Merkwürdiges passiert ist", beklagte sich der Riese, als er seinen kalten und weißen Garten erblickte.

Eines Morgens hörte der Riese etwas Herrliches. Er hatte ganz vergessen, wie schön das Singen eines Vogels in seinen Ohren klingen konnte! „Ich glaube, nun kommt der Frühling doch noch!", rief der Riese erfreut, sprang aus seinem Bett und guckte nach draußen. Und was sah er da? Die Kinder waren durch ein kleines Loch in der Mauer in den Garten gekrochen und saßen nun auf den Zweigen der Bäume, die vor lauter Freude wieder blühten. Der Riese konnte endlich das Erwachen der Natur beobachten und bemerkte reumütig: „Ich werde sofort mit dem Niederreißen der Mauer beginnen."

Teste dich!

Groß- oder Kleinschreibung?

1 **a** Kreuze alle Wörter an, die Nomen sind und fälschlicherweise kleingeschrieben wurden.
b Schreibe die Nomen mit Artikeln in dein Heft. Beachte die Großschreibung. (9 P.)

☐ butter   ☐ bitter   ☐ bestellung   ☐ schnelligkeit

☐ hummel   ☐ himmel   ☐ immer   ☐ winzigkeit

☐ zeitung   ☐ kleidung   ☐ neidisch   ☐ vergesslichkeit

2 Bilde aus den nachstehenden Wörtern Nomen. Hänge eine typische Nomenendung an.
Schreibe die Nomen mit ihren Artikeln auf. (6 P.)

erleben – _____   freundlich – _____

ordnen – _____   reich – _____

offen – _____   bereit – _____

3 **a** Markiere im Text alle Wörter, die Nomen sind und fälschlicherweise kleingeschrieben wurden.
b Schreibe die Nomen mit dem Beweiswort aus einer der Nomenproben auf. (28 P.)

VORSICHT FEHLER!

Der traum vom fliegen ist so alt wie die menschheit selbst.

_____

Graf von Zeppelin entwarf luftschiffe, um dem traum vom fliegen näherzukommen. Im april 1899 wurde mit

_____

dem bau eines zeppelins begonnen, und am 2. juli 1900 war es dann endlich so weit: Das luftschiff stieg zum

_____

ersten mal in die luft und blieb dort für 18 minuten!

_____

Für den eigentlichen durchbruch der zeppelin-luftschiffe sorgte allerdings erst die große „zeppelin-katastrophe".

_____

Das luftschiff LZ 4 sollte am 4. und 5. august 1908 für 24 stunden seine fahrtüchtigkeit beweisen.

_____

Es war noch am boden verankert, als plötzlich ein unwetter aufkam und es zerstörte: Es brannte völlig aus.

_____

Der graf war ruiniert. Doch er bekam mehr als 6 millionen mark an spenden, um die luftschiffidee zu retten.

_____

4 Prüfe deine Lösungen und die Punktezahl mit Hilfe des Lösungsheftes (▶ S. 29).

Zeichensetzung

Das Komma bei Aufzählungen

Information	Die Zeichensetzung in Aufzählungen

Ein **Komma muss** stehen,
- wenn Wörter oder Wortgruppen in Aufzählungen aneinandergereiht werden, z.B.:
  Kleine Haustiere wie Vögel, Kaninchen, Katzen, Hunde sind sehr beliebt.
  Bereitstellen müssen Besitzer eine geeignete Umgebung, angemessene Nahrung, liebevolle Pflege.
- wenn das Wort oder die Wortgruppe durch einschränkende Konjunktionen wie *aber, sondern, doch, jedoch* eingeleitet wird, z.B.: *Katzen sind zwar häuslich, aber sehr unabhängig von ihrem Menschen.*

Kein Komma steht
- vor den anreihenden Konjunktionen *und, oder, sowie, entweder ... oder, sowohl ... als auch,* z.B.:
  Katzen sind eigenwillige, anschmiegsame und robuste Tiere.
  Der Kater Arthur ist sowohl mutig als auch robust.

1 Setze im folgenden Text die Kommas bei den Aufzählungen, wo nötig.

Kater mit mehr als neun Leben

Drei Wochen lang verbrachte ein Kater in einem großen Container ohne Futter ohne Wasser sogar ohne frische Luft. Mit seinen neun Monaten sehr jugendlich aufgeweckt niedlich zutraulich – so wird Arthur beschrieben. Er wirkt wohl nicht besonders kräftig schön oder sonst in irgendeiner Weise auffällig. Er war in Pompano Beach in Florida zu Hause, wo er gern die Nachbarkatze Emily besuchte mit ihr spielte und manchmal auch gern einen kleinen Ausflug mit ihr machte.

2 Unterstreiche im folgenden Text die nebenordnenden Konjunktionen, vor denen kein Komma steht.

Als der Besitzer von Emily seinen Umzug in das 4000 Kilometer entfernte Phoenix plante, zweifelte er keinen Augenblick daran, dass er seine sowohl geliebte als auch wertvolle Katze mitnehmen würde. Sehr zum Leidwesen von Arthur, der die sichtbaren und hörbaren Anzeichen des Umzugs sogleich bemerkte. In einem unbeaufsichtigten Moment muss der Kater entweder in einen Umzugskarton oder gleich in den Container geklettert sein. Drei Wochen lang hörte man weder sein klägliches Miauen noch sein verzweifeltes Kratzen. Doch dann wurde endlich ein Lagerarbeiter hellhörig und öffnete unter Videoaufsicht den Container: Heraus kam ein abgemagerter, ausgetrockneter sowie sichtlich geschwächter Kater.

3 Setze im folgenden Text die fehlenden Kommas.

●●●

Arthurs Besitzer Carl wurde schnell ausfindig gemacht und telefonisch benachrichtigt. Er hatte Arthur eigentlich schon aufgegeben und spielte mit dem Gedanken, einen Hund ein Hängebauchschwein oder gar ein Pferd anzuschaffen, weil es keinen zweiten Kater wie Arthur gebe, der so liebevoll schlau und auch noch anhänglich sei. Nun plant er eine große Wiedersehensparty mit Katzenleckerli frischem Fleisch Knabberstängli aber auch Spritzigem und sowohl Süßem als auch Saurem für die zweibeinigen Gäste.

Stärken stärken: Das Komma bei der Satzreihe

Information	Das Komma bei der Satzreihe

Zwei verbundene **Hauptsätze** bilden eine **Satzreihe.** Man verwendet dazu oft nebenordnende Konjunktionen wie z. B.: *denn, doch, aber* (▶ S. 66). Zwischen den Hauptsätzen einer Satzreihe steht ein Komma: *Hanna las, Jasmin suchte eine Zeitschrift. Alex schlenderte zu den Computerspielen, denn er wollte gerne einige ausleihen.*
Beachte: Vor den Konjunktionen *und* und *oder* kann man das Komma weglassen!

●○○ 1 **a** Setze die fehlenden Kommas ein. Klammere das Komma dort ein, wo es stehen kann, aber nicht stehen muss.
     b Kreise die Konjunktionen ein. Beachte: Nicht jede Satzreihe muss eine Konjunktion enthalten.

Andreas Steinhöfel

Beschützer der Diebe

Romeo saß bewegungslos zwischen „Pippi Langstrumpf" und „Kalle Blomquist" unter dem Tisch seine feinen Schnurrhaare zitterten kaum merklich. „Wo ist der Füller kannst du ihn finden?", fragte Dags eindringlich. Die schwarzen Knopfaugen der Ratte blitzten und ihre unruhigen Pfoten wirbelten winzige Staubpartikel auf. Dags hatte den Füller am Ende eines kunstvoll verschachtelten Labyrinths aus Büchern und Musikkassetten versteckt doch Romeo hatte bereits zwei erfolglose Anläufe zum Durchqueren des Irrgartens unternommen. Einen dritten Versuch wollte er offensichtlich nicht starten denn er kratzte sich ausgiebig hinter den Ohren.

●●○ 2 Verbinde die folgenden Hauptsätze zu sinnvollen Satzreihen. Ergänze geeignete Konjunktionen aus dem Wortspeicher. Schreibe in dein Heft.

> **Wortspeicher**
>
> aber • denn • doch • oder • und

Dags Vater hatte Romeo aus dem Labor mitgebracht. Er wollte der Ratte das Schicksal als Versuchstier ersparen.

Romeo war kaum sechs Wochen alt. Dags mochte das kleine, schwarz-weiß gefleckte Knäuel gleich.

Ihre Zuneigung war zum Ausgangspunkt vieler Experimente geworden. Bisher hatte leider keines Erfolg.

●●● 3 Verbinde die folgenden Hauptsätze zu sinnvollen Satzreihen. Nutze Verbindungswörter und setze die Kommas. Schreibe die Satzreihen in dein Heft.

> Ratten sind sehr intelligente und geschickte Tiere.
>
> Man sollte jeden Tag mehrmals ein paar Minuten mit ihnen spielen.
>
> Man kann mit ihnen Kunststücke üben.
>
> Sie können zum Beispiel auf den Hinterbeinen stehen.
>
> Man kann auch einen Hindernisparcours für sie bauen.
>
> Die Tiere können gut springen und klettern.

Stärken stärken: Das Komma im Satzgefüge

Information   Das Komma zwischen Hauptsatz und Nebensatz

Zwischen Hauptsatz und Nebensatz muss **immer ein Komma** stehen.
In einem Satzgefüge (▶ S. 67) kann der Nebensatz vor, zwischen oder nach dem Hauptsatz stehen:

- **vorangestellt**, z. B.: *Obwohl der Papagei seinen Namen wusste, konnte ihm erst nicht geholfen werden.*
- **eingeschoben**, z. B.: *Den Polizisten, die sich Mühe mit dem Vogel gaben, verriet er seinen Namen nicht.*
- **nachgestellt**, z. B.: *Die Besitzer des Papageis waren erleichtert, als sie ihn zurückerhielten.*

●○○ **1** **Mache dir klar, warum in den Sätzen 1 bis 3 Kommas gesetzt wurden.**
Markiere in den Satzgefügen die Nebensätze. Umrahme die Kommas.

Papagei ohne Worte

1 Was macht man als Papagei, wenn man nach einem unerlaubten Ausflug nicht mehr nach Hause findet?   2 Wenn man einer Person seines Vertrauens seine Adresse verrät, kann diese Person helfen.   3 In der Nähe von Tokio brachte die Polizei einen Afrikanischen Graupapagei, den sie auf einem fremden Grundstück fand, auf die Polizeiwache.   4 Nach einer Nacht in der er völlig sprachlos war brachten die Beamten den verstörten Vogel in eine Tierklinik.   5 Obwohl sie durchaus freundlich zu dem Tier waren beachtete es niemanden.   6 Vielleicht sprach der Papagei nicht mit den Beamten weil sie eine für Papageienaugen unschöne Uniform trugen.

●●○ **2** **a** **Füge in den Sätzen 4 bis 6 im Text oben die fehlenden Kommas ein, die den Nebensatz vom Hauptsatz trennen.**
b **Unterstreiche jeden Nebensatz.**

●●● **3** **a** **Welcher der folgenden Sätze ist ein Satzgefüge? Kreuze an.**
b **Umkreise in den Nebensätzen der Satzgefüge die Konjunktionen blau und die Relativpronomen orangefarben.**
c **Unterstreiche in jedem Nebensatz die Personalform des Verbs.**
d **Einer der Sätze ist eine Satzreihe. Markiere, woran du die Satzreihe erkennst.**

Yosuke Nakamura

A   Als der entflogene Papagei in die Tierklinik kam,
     änderte sich sein Verhalten vollkommen.

B   Der Vogel, der bislang ziemlich unbewegt schien,
     hatte nun offensichtlich großes Interesse an seiner Umgebung.

C   Wenn jemand den Raum betrat, begrüßte er diesen
     besonders freundlich.

D   Ansonsten plapperte er jedoch unaufhörlich belangloses Zeug,
     das in keiner Weise weiterhalf.

E   Als ein Tierwärter dem Vogel jedoch etwas genauer zuhörte, sprach dieser die entscheidenden Worte.

F   Er sagte: „Ich heiße Yosuke Nakamura, und ich wohne in Chiba."

G   Dort fand die Polizei dann tatsächlich die Besitzer, die ihren Papagei überglücklich in Empfang nahmen.

Zeichensetzung bei der wörtlichen Rede

Information	Die Zeichensetzung bei der wörtlichen Rede

Die wörtliche Rede steht in **Anführungszeichen**. Dem **einleitenden Redebegleitsatz** folgt ein **Doppelpunkt:**
Jan fragte: „Willst du ins Schwimmbad mitfahren?"
Der **eingeschobene** und der **nachgestellte Redebegleitsatz** werden durch **Kommas** von der wörtlichen Rede
getrennt. Dabei entfällt der Schlusspunkt in der wörtlichen Rede, Ausrufezeichen oder Fragezeichen bleiben
aber erhalten: *„Anne, wo bleibst du?", rief Jan. „Ich bin schon unterwegs!", antwortete Anne.*

1 a Markiere die Redebegleitsätze.

b Füge die fehlenden Satzzeichen der wörtlichen Rede ein. An drei Stellen fehlt auch das Satzschlusszeichen.

Leo N. Tolstoi

Drei Söhne

Drei Frauen wollten Wasser holen am Brunnen. Nicht weit davon saß ein Greis auf einer Bank und hörte zu, wie die Frauen ihre Söhne lobten.

5 „Mein Sohn", sagte die erste, „ist so geschickt, dass er alle anderen hinter sich lässt ..."
Mein Sohn sagte die zweite singt so schön wie die Nachtigall! Keiner hat eine so schöne Stimme!
10 Und warum lobst du deinen Sohn nicht fragten sie die dritte, als diese schwieg.
Ich habe nichts, wofür ich ihn loben könnte entgegnete sie. Mein Sohn hat eigentlich nichts Besonderes an sich. Aber ich liebe ihn den-
15 noch.
Die drei Frauen füllten ihre Eimer und gingen langsam heim, denn die Eimer waren schwer. Der Greis begleitete sie. Da kamen ihnen drei Jungen entgegen.

Der erste stellte sich auf die Hände und 20 schlug Rad um Rad. – Und die Frauen riefen Welch ein geschickter Junge
Der zweite sang so herrlich wie die Nachtigall und die Frauen lauschten andachtsvoll und mit Tränen in den Augen. 25
Der dritte Knabe lief zu seiner Mutter und meinte Ich nehme dir die Eimer ab! Und er trug sie heim ...
Da fragten die Frauen den Greis Was sagst du zu unseren Söhnen 30
Wo sind eure Söhne? fragte der Greis verwundert. Ich sehe nur einen einzigen Sohn!

2 a Füge bei der folgenden Unterhaltung der Söhne die Satzzeichen der wörtlichen Rede ein und ergänze in den Redebegleitsätzen abwechslungsreiche Verben.

b Schreibe den dritten Satz zu Ende.

Meine Mutter ist stolz auf mich, weil ich so toll Rad schlagen kann _____ der erste Sohn.

Und meine erst _____ der zweite immer muss sie vor anderen mit meiner Stimme prahlen!

Der dritte aber _____ _____

_____

_____

Teste dich!

Zeichensetzung

1 Im folgenden Text fehlen die Kommas in den Aufzählungen. Setze sie richtig ein. (4 P.)

Cornelia Funke

Die wilden Hühner auf Klassenfahrt

In dem kleinen Museum gab es erstaunlich viel zu sehen: alte Trachten Waffen aus der Wikingerzeit ausgestopfte Seevögel und eine echte Kapitänskajüte. Besonders die Ausstellungsstücke aus der Zeit, zu der fast die ganze Insel vom Walfang gelebt hatte, nämlich Harpunen Speckmesser und riesige Gemälde, betrachteten die meisten aus der Klasse mit leichtem Grausen. Im Übrigen entdeckte jeder etwas, das ihn besonders fesselte. Melanie blieb lange vor den alten Schmuckstücken Hüten und Festtagstrachten stehen.

2 Gib an, ob es sich um eine Satzreihe (SR) oder ein Satzgefüge (SG) handelt, und setze die Kommas. (14 P.)

Gina Ruck-Pauquèt

Räucherstäbchen im Salat

Mirjam hatte niemanden auf der Welt doch sie lebte zufrieden und glücklich. (_____) Sie räumte die Lockenwickler in die Zuckerdose und die Stecknadeln piekste sie in den Käse. (_____) Die Zervelatwurst legte sie nicht in den Schrank weil sie die Würste lieber an einer Schnur über ihr Bett hängte. (_____) Das Geschirr stapelte sie in der Badewanne während die Bratpfanne unter dem Sessel landete. (_____) Eines Tages lernte Mirjam Frieder kennen aber er war ein ganz ordentlicher Mensch. (_____) „Du musst dich ändern!", sagte Frieder und er räumte auf. (_____) Schließlich schickte Mirjam Frieder wieder weg weil sie nichts mehr fand. (_____)

3 Setze die Zeichen der wörtlichen Rede. (24 P.)

Das ist doch kaum zu glauben schimpfte die Mutter ärgerlich gerade habe ich drei Schnitzel paniert, und jetzt sind sie weg! Verblüfft fragte Miriam Hast du sie vielleicht in den Kühlschrank gelegt? Nein! erwiderte ihre Mutter ich bin nur kurz zum Telefonieren gegangen. Aha, kurz meinte Vater. Da wurde er durch ein seltsames Geräusch aus der Zimmerecke unterbrochen. Juppi, der Boxer, hatte gerülpst. Alles klar seufzte Mutter heute gibt es Pizza.

Vergleiche deine Ergebnisse mit dem Lösungsheft. Für jede richtige Lösung bekommst du einen Punkt.

☺ 42–35 Punkte	☺ 34–20 Punkte	☹ 19–0 Punkte
Gut gemacht!	Gar nicht schlecht, aber schau dir die Merkkästen auf den Seiten 66/67 und 101 bis 104 noch einmal an.	Arbeite die Seiten 66/67 und die Seiten dieses Kapitels noch einmal sorgfältig durch.

Übungen für den Lernstandstest

So kannst du mit der folgenden Einheit üben:

1 Arbeite den gesamten Test auf einmal durch.
2 Nimm dir fünf Minuten Zeit, um den Text auf dieser Seite zu lesen.
3 Nimm dir 45 Minuten Zeit, um die Aufgaben (▶ S. 107 bis 111) zu bearbeiten.
4 Stoppe die Zeit. Bleibe nicht an einer Aufgabe „hängen".
5 Lies die jeweilige Aufgabenstellung genau durch. Unterstreiche Wörter, die dir sagen, was du tun musst.
6 Löse am Schluss die Aufgaben, die du noch nicht bearbeitet hast.

Karen Naundorf

Hurra, wir gehen zum Arzt!

1 „Hast du gehört? Der Ärztezug ist da", sagt die Mutter zu Ayelen. „Endlich!", ruft das Mädchen und springt vom Tisch auf. Nur einmal im Jahr hält der blau-weiß gestrichene Zug in Tapso, Ayelens Heimatort. Er bleibt so lange im Bahnhof stehen, bis alle Kinder im Dorf gewogen, gemessen und auf Krankheiten untersucht worden sind. Auch Ayelen lässt sich wiegen und messen. Die Krankenschwester im Zug trägt eine rote Knubbel-Clownsnase. Das soll den Kindern die Angst vor der Untersuchung nehmen. Aber Ayelen hat gar keine Angst. „Du bist groß für dein Alter. 10 Jahre, 1,55 Meter groß und 54,3 Kilogramm schwer", meint die Krankenschwester.

2 Ayelen freut sich, wenn der Zug kommt, denn in Tapso gibt es keinen Kinderarzt. Argentinien ist ein riesiges Land, achtmal so groß wie Deutschland. Wer wie Ayelen auf dem Land wohnt, hat Pech, wenn er krank wird. Krankenhäuser gibt es meist nur in den Städten. „Die Ärzte im Zug haben mir das Leben gerettet, als ich fünf war", berichtet Ayelen. „Ich war krank und niemand wusste, warum. Hier haben sie entdeckt, dass eine meiner Nieren nicht richtig funktionierte." Die Ärzte schickten Ayelen in die Hauptstadt Buenos Aires, 14 Stunden Busfahrt entfernt. Dort wurde sie operiert, und danach ging es ihr zum ersten Mal gut. Heute ist sie die Größte in der Klasse und Stürmerin im Mädchen-Fußballteam der Schule.

3 Die Idee mit dem Ärztezug hatte der Kinderchirurg Martín Jorge Urtasun. Er arbeitete vor 40 Jahren in einem modernen Kinderkrankenhaus in der Hauptstadt Buenos Aires. Es war ein trauriger Job: Er wollte den Kindern helfen, aber viele Familien wohnten zu weit weg. Ein Kind wurde blind, weil seine Augenkrankheit zu spät entdeckt wurde. Deshalb sagte sich Doktor Urtasun: „Wenn die Eltern die Kinder nicht zum Arzt schicken können, müssen wir eben dorthin fahren, wo die Kinder sind. Dann können wir Krankheiten früher entdecken." Er trieb drei ausrangierte Zugwaggons auf und sammelte so viel Geld, dass er darin ein kleines Krankenhaus einrichten konnte. Er nannte den Zug „Tren Alma". Und dann ging es los – dorthin, wo es keine Ärzte gab.

4 Die Fahrt nach Tapso dauert drei Tage und sie ist ein richtiges Abenteuer. Die Ärzte schlafen in engen Stockbetten, der Zug rattert laut und ruckelt heftig. Eisenbahnfahren ist in Argentinien nicht so bequem wie in Deutschland. Einmal entgleiste der Zug auf der Fahrt nach Tapso sogar. Zum Glück fuhr er da gerade sehr langsam und kippte nicht um. Im Zug sitzen bei dieser Reise vier Ärzte, zwei Schwestern, eine Biochemikerin, die Blutproben im Labor auswertet, und drei Zahnärzte.

5 In Tapso freuen sich die Kinder, die Zahnweh haben, ganz besonders auf den Zug. Denn im Dorf gibt es zwar einen Zahnarzt, aber weder er noch seine Patienten haben Geld, um Füllmaterial für Karieslöcher zu kaufen. Der Zahnarzt in Tapso kann die kaputten Zähne nur ziehen. Die Ärzte im Zug bringen Material mit, um Karieslöcher zu füllen, und verteilen bunte Zahnbürsten. Am letzten Tag sind die Ärzte in die Schule eingeladen. „Kommt bald wieder, bitte!", rufen die Kinder zum Abschied und winken.

(Quelle: Dein Spiegel 4/2011, S. 44–47)

A Den Text verstehen

13 Punkte

Aufgabe 1

4 Punkte

a Warum gibt es in Argentinien einen Ärztezug? Kreuze die _zwei_ richtigen Antworten an.

Es gibt in Argentinien einen Ärztezug, weil ...

A ☐ die Ärzte in Buenos Aires zu wenig verdienen.

B ☐ die Ärzte bei der Landbevölkerung üben wollen.

C ☐ die Ärzte gerne Ausflüge unternehmen.

D ☐ es in Orten wie Tapso keinen Kinderarzt gibt.

E ☐ alle Argentinier die Ärzte dafür bewundern.

F ☐ es Krankenhäuser meist nur in den Städten gibt.

b Nenne zwei Gründe, warum der Ärztezug bei den Kindern von Tapso so beliebt ist.

Der Ärztezug ist bei den Kindern so beliebt, weil ...

A _____

B _____

☐ Punkte

Aufgabe 2

5 Punkte

**Die Textabschnitte 1 bis 5 sind hier jeweils in einem Satz zusammengefasst.
Nummeriere die Sätze so, dass sie der inhaltlichen Reihenfolge im Text entsprechen.**

☐ Die Fahrt nach Tapso kann ein Abenteuer sein.

☐ Die Ärzte des Zuges haben Ayelen das Leben gerettet.

☐ Der Ärztezug kommt wieder in Tapso an.

☐ Besonders beliebt ist der Besuch beim Zahnarzt.

☐ Die Idee des Ärztezugs hatte ein Kinderchirurg aus Buenos Aires.

☐ Punkte

Aufgabe 3

4 Punkte

**In jeder der folgenden Aussagen steckt eine Information, die nicht dem Text entspricht.
Streiche diese durch und verbessere sie auf der Linie daneben. Ein Beispiel ist vorgegeben.**

A Nur einmal im Jahr hält der ~~rot-weiß~~ gestrichene Zug in Tapso. _blau-weiß_____

B Argentinien ist ein riesiges Land, siebenmal so groß wie Deutschland. _____

C Dann können wir Krankheiten früher heilen. _____

D Die Ärzte schlafen in engen Feldbetten, der Zug rattert laut und ruckelt heftig. _____

E In Tapso freuen sich die Kinder, die Halsweh haben, ganz besonders auf den Zug. _____

☐ Punkte

B Schreiben

10 Punkte

Aufgabe 4

3 Punkte

Alisa, Jan und Murat haben den Artikel gelesen und unterhalten sich über den Ärztezug.
Finde Ersatz für die unterstrichenen Ausdrücke. Schreibe die vollständigen Sätze auf die Linien.

Alisa: Es ist echt toll, dass die Ärzte zu den Kindern kommen.

_____

Jan: Die Zugfahrt nach Tapso ist total krass.

_____

Murat: Besonders cool sind die neuen Zahnbürsten.

_____

☐ Punkte

Aufgabe 5

4 Punkte

Betrachte die Grafik und entscheide dann, welche Formulierungen in dem Text am besten passen. Streiche die unpassenden durch.

Argentinien liegt neben | grenzt an | ist neben Chile, Bolivien, Paraguay, Brasilien und Uruguay. Das große Land berührt den | liegt am | stößt an den Atlantischen Ozean. In Argentinien leben weniger | nur etwa halb so hohe | nur etwa halb so viele Menschen wie in Deutschland. Die Argentinier unterhalten sich | sprechen | quatschen Spanisch.

☐ Punkte

Fläche: 2.780.400 km² **Amtssprache:** Spanisch
Einwohnerzahl: 43.560.000 **Währung:** argentinischer Peso

Aufgabe 6

3 Punkte

Die drei folgenden Begriffe kommen im Ausgangstext (▶ S. 106) vor. Kreuze jeweils die passende Bedeutung an.

A Nieren (▶ Z. 24)
☐ ein Fleischgericht
☐ menschliches Organ
☐ Tischform

B ausrangiert (▶ Z. 41)
☐ ausgemustert
☐ wegbewegt
☐ kaputt

C Labor (▶ Z. 55)
☐ Abstellkammer
☐ Behandlungszimmer
☐ Raum für chemische Untersuchungen

☐ Punkte

C Rechtschreibung und Zeichensetzung   22 Punkte

Aufgabe 7   5 Punkte

**Ordne die Zahlen von 1 bis 5 den entsprechenden Schreibweisen der s-Laute in der Tabelle zu.
Beachte: Es bleiben leere Felder übrig!**

Besonders beliebt sind die Zahnuntersuchungen im Ärztezug. „Die Kinder haben fast alle Karies", berichtet die Zahnärztin. Sie hei 1 t Angeles, ist freundlich, aber streng. Auch Aldana hat Zahnprobleme. Die Behandlung dauert lange, bis zu ihrer Lieblingssendung „Jonas Brothers" wird sie nicht zu Hau 2 e sein. Aber es ist nicht schlimm, wenn Aldana sie verpa 3 t. Sie mu 4 jedoch auf Sü 5 igkeiten verzichten, sonst bekommt sie noch mehr Löcher.

s	
ß	
ss	

☐ Punkte

Aufgabe 8   2 Punkte

**Streiche die Wörter durch, die im Wörterbuch nicht zwischen den Wörtern Behandlung
und beheben stehen.**

Behandlung – behalten – beharrlich – behaupten – beheizen – beheben

☐ Punkte

Aufgabe 9   7 Punkte

**Überarbeite den folgenden Text: Streiche sieben weitere falsch geschriebene Wörter
durch und verbessere sie in der Zeile darüber. Ein Beispiel ist vorgegeben.**

fällt

Manchen Menschen ~~fellt~~ es schwer, zum Arzt zu gehen, sie haben nähmlich Angst vor einer Untersuchunk.

Ihre Aufregung beeinflusst die Untersuchungsergepnisse des Medizieners.

Es giebt sogar Patienten, die Tableten zur Beruhigung nemen, bevor sie einen Arzt aufsuchen.

☐ Punkte

Aufgabe 10   5 Punkte

Setze die fünf fehlenden Kommas in dem Dankbrief der Kinder an die Ärzte.

VORSICHT
FEHLER!

Liebe Ärzte des Ärztezugs

wir freuen uns immer wenn Sie zu uns nach Tapso kommen.
Ohne Sie wären wir viel häufiger länger und schwerer krank. Außerdem ist
es schön dass wir im Zug zum Zahnarzt gehen können. Vor dem Schlafengehen
werden wir bestimmt keine Cola und keine Limonade mehr trinken weil diese
süßen Getränke für die Zähne und überhaupt sehr ungesund sind.
Vielen Dank auch für die neuen Zahnbürsten.

Herzliche Grüße
Ayelen und Aldana

⬚ Punkte

Aufgabe 11   3 Punkte

Schreibe den folgenden Satz in Schreibschrift ohne Rechtschreibfehler auf die Linien.

d i e k i N d e r B a s t e l n Z u m a b s c h i e d b l u m e n a U s k r e p P p a p i e r u n D d r a h t.

_____

_____

⬚ Punkte

D Grammatik   **15 Punkte**

Aufgabe 12   4 Punkte

Entscheide dich für die richtige Form nach der Präposition. Streiche die falsche durch.

Auf der | den Ärztezug freuen sich auch die Kinder mit Zahnweh sehr. Denn manche von ihnen haben
Karieslöcher in ihrer | ihren Zähnen. Weder der Zahnarzt noch die Bewohner im Dorf haben Geld für das
Füllmaterial | des Füllmaterials. Dank den Ärztezug | des Ärztezugs können die Löcher gefüllt werden.

⬚ Punkte

Aufgabe 13   3 Punkte

a Bei zwei der fünf Textauszüge handelt es sich nicht um einen Hauptsatz. Kreuze beide an.

A ⬚ … und sie ist ein richtiges Abenteuer.   D ⬚ Ayelen freut sich, …

B ⬚ … wo es keine Ärzte gab.   E ⬚ …, wenn der Zug kommt.

C ⬚ Und dann ging es los.   F ⬚ Denn im Dorf gibt es zwar einen Zahnarzt, …

b Kreuze den Satz an, bei dem die Unterteilung nach Satzgliedern stimmt.

A ⬚ Die Fahrt | nach Tapso | dauert | drei Tage.

B ⬚ Im Zug | schlafen | die Ärzte | in engen Stockbetten.

C ⬚ Einmal entgleiste | der Zug | auf dem Weg | nach Tapso | sogar.

⬚ Punkte

Aufgabe 14

4 Punkte

Setze passende Pronomen ein.

Die Krankenschwester trägt noch immer die Clowns-

nase. _____ wartet auf die nächste Patientin:

Aldana, neun Jahre alt. Das Mädchen ist gekommen,

weil _____ Bronchitis hat. In Tapso gibt es keine

Medikamente zu kaufen, _____ dem Kind helfen

könnten. Aber die Ärzte haben genug Tabletten dabei,

von denen _____ dem Mädchen einige geben.

Punkte

Aufgabe 15

2 Punkte

Kreuze alle Aussagen an, die für den folgenden Satz zutreffen:

In Tapso freuen sich die Kinder, die Zahnweh haben, ganz besonders auf den Zug. (▶ Z. 56 f.)

A ☐ Bei dem Satz handelt es sich um eine Satzreihe.

B ☐ Der Satz endet mit einem Nebensatz.

C ☐ Der Satz enthält einen Komparativ.

D ☐ Der Satz enthält einen eingeschobenen Relativsatz.

E ☐ Der Satz enthält keinen Nebensatz.

F ☐ Bei dem Satz handelt es sich um ein Satzgefüge.

Punkte

Aufgabe 16

2 Punkte

Streiche in jedem Satz die beiden falschen Zeitformen durch.

A Die Ärzte werden entdecken | entdecken | entdeckten, dass eine der beiden Nieren nicht richtig arbeitete.

B Nachdem Ayelen in Buenos Aires operiert wird | worden war | worden ist, ging es ihr zum ersten Mal gut.

Punkte

Werte deine Ergebnisse aus, indem du deine Antworten mit dem Lösungsheft abgleichst.
Für jede richtige Antwort bekommst du einen Punkt. Nur bei Aufgabe 11 musst du für jeden Fehler einen Punkt
von der Gesamtpunktzahl abziehen.

☺ **60–48 Punkte**	☺ **47–28 Punkte**	☹ **27–0 Punkte**
Gut gemacht!	Überprüfe, in welchen Bereichen du noch Probleme hast, und übe dort gezielt.	Du hast noch recht große Wissenslücken. Arbeite alle Bereiche noch einmal sorgfältig durch, in denen du viele Fehler gemacht hast.

Autoren- und Quellenverzeichnis

S. 14: Äsop: Der Fuchs und der Storch. Aus: Fabeln aus drei Jahrtausenden. Hg. von R. Dithmar. Manesse, Zürich 1976 – **S. 17:** Äsop: Der Frosch und der Ochse. Aus: ebd. – **S. 24:** Die Prophezeiung. Aus: Sagen aus Schwaben. Hg. von Ernst Otto Luthard. Flechsig, Würzburg 2005, S. 62 (bearbeitet) – **S. 26:** Der Stier Poseidons. Aus: Lechner, Auguste: Herkules. Tyrolia, Innsbruck 1977, S. 155 ff. (gekürzt) – **S. 29:** Herakles und der Kampf gegen den nemeischen Löwen. Frei nach: Griechische Sagen. Nacherzählt von Richard Carstensen. dtv junior, München 2010, S. 127, und: Dimiter Inkiow: Herkules, der stärkste Mann der Welt und andere griechische Sagen. dtv, München 1991, S. 107–108 – **S. 30:** Busch, Wilhelm: Bewaffneter Friede. Aus: Echtermeyer. Deutsche Gedichte. Hg. von Elisabeth K. Paefgen und Peter Geist. Cornelsen, Berlin 2005, S. 405 – **S. 30:** Krylow, Iwan: Warum das Schwein weinte. Aus: Das große Fabelbuch. Lappan, Oldenburg. 2. Aufl. 2011, S. 70 – **S. 31:** Meißner, August Gottlieb: Die Maus und die Schnecke. Aus: Das große Fabelbuch. Lappan, Oldenburg. 2. Aufl. 2011, S. 103 – **S. 32:** Dorscheid, Kathrin: Unterricht im fahrenden Klassenzimmer. Quelle: www.geo.de/GEOlino/mensch/unterricht-im-fahrenden-klassenzimmer-59325.html (Stand: 19.05.2016, gekürzt und leicht verändert) – **S. 34:** Endlich eingeschult. Erfolgsgeschichte der mobilen Schulen in Mali. Quelle: http://archive-de.com/page/104394/2012-07-10/ http://www.welthungerhilfe.de/mali-erfolgreiche-einschulung.html (Stand: 19.05.2016, gekürzt und leicht verändert) – **S. 35:** Diagramm nach: www.welt-in-zahlen.de/laendervergleich.phtml (Stand: 20.05.2016) – **S. 42–47:** nach: Swift, Jonathan: Gullivers Reisen. Aus: Jonathan Swift: Gullivers Reisen. Aus dem Englischen von Christa Schuenke. Manesse Verlag, Zürich 2006 (gekürzt und verändert) – **S. 50:** Blyton, Enid: Die Geisterstimme, **S. 51:** Lucy, Jacky und Kiki. Beide aus: Enid Blyton: Die Insel der Abenteuer. Übers. von Lena Stepath. Erika Klopp Verlag, S. 7–14 – **S. 55:** Tamtam am Damm. Aus: Mobil 05/2011, S. 105 – **S. 70, 71:** Moser, Erwin: Die vier Spezialflugzeuge. Aus: Das große Fabulierbuch. Beltz & Gelberg. Weinheim und Basel 1995, S. 57 – **S. 75:** Borchers, Elisabeth: Kleines Wörterbuch. Aus: Von der Grammatik des heutigen Tages. Suhrkamp, Frankfurt a. M. 1992 – **S. 80:** Pech, Kristian: Schwieriger Zwerg. Aus: Wo kommen die Worte her? Hg. von Hans-Joachim Gelberg. Beltz & Gelberg, Weinheim/Basel 2011, S. 22 – **S. 85:** Lornsen, Boy: Kümmelwurz und Lümmelwurz. Aus: Der Tintenfisch Paul Oktopus. Gedichte für neugierige Kinder. Boje, Köln 2009, S. 21 – **S. 94:** „A, ich heiße agnes". Nach: Roth, Philiipp: Nemesis. Hanser Verlag, München 2011, S. 13 – **S. 95, 96:** Nicholls, Sally: Wie man unsterblich wird. Jede Minute zählt. Übers. von Brigitte Kollmann. dtv, München 2010, S. 160–161 (Text leicht verändert) – **S. 99:** nach: Wilde, Oscar: Der selbstsüchtige Riese. Aus: Oscar Wilde: Der glückliche Prinz und andere Märchen. Übers. von Wolfram Benda. dtv, München 2000 – **S. 100:** „Der Traum vom Fliegen ..." Nach: am Ankermast. Aus: http://www.zeppelinfan.de/html-seiten/deutsch/ luftschiff_zeppelin.htm (Stand: 09.06.2016) – **S. 101:** Steinhöfel, Andreas: Beschützer der Diebe. Carlsen, Hamburg 2007 (leicht verändert) – **S. 104:** Tolstoi, Leo N.: Drei Söhne. Aus: Leo Tolstoi: Die zwei Brüder und das Gold und 19 andere Volkserzählungen. Übertragen von Leo von Witte. Herder Buchgemeinschaft, Freiburg 1960 – **S. 105:** Funke, Cornelia: Die wilden Hühner auf Klassenfahrt. Dressler, Hamburg 1996, S. 77 – **S. 105:** Ruck-Pauquèt, Gina: Räucherstäbchen im Salat. Aus: Der Löwe, der Mäuschen hieß und andere Geschichten. Elefanten-Press, Berlin 1985, S. 43 f. – **S. 105:** Naundorf, Karen: Hurra, wir gehen zum Arzt! Aus: Dein Spiegel 4/2011, S. 44–47 (gekürzt und leicht verändert)

Bildquellenverzeichnis

S. 34: Mirjam Knickriem – **S. 37:** Jörg Böthling / agenda – **S. 39:** Fotolia/Henrie – **S. 40:** Fotolia/Marcito – **S. 55:** Fotolia / Vetea Toomaru – **S. 57:** Fotolia/Scotshot65 – **S. 59:** action press / Buena Vista Pictures / Courtesy Everett Collection – **S. 60:** Fotolia / Gilles Paire – **S. 61:** Fotolia/glen1 – **S. 63:** Fotolia/rm – **S. 68:** Fotolia / Volkmar Gorke – **S. 76** (13): PantherMedia / Evelyn Kasper – **S. 76** (2): PantherMedia / Robert Biedermann – **S. 76** (16): Fotolia / Peter Eggermann – **S. 76** (15): Fotolia/helga_sm – **S. 76** (9): Fotolia/Pixelmixel – **S. 76** (1): Fotolia / M. Schuppich – **S. 76** (4): Fotolia / M. Schuppich – **S. 91 links:** Fotolia/VRD – **S. 91 Mitte:** Fotolia/Schlierner – **S. 91 rechts:** Fotolia/ronstik – **S. 94:** Fotolia / Christian Schwier – **S. 96:** NH 84568 courtesy of the Naval History & Heritage Command – **S. 106, 109, 111:** Karen Naundorf

Impressum

Teile einiger Kapitel dieses Heftes wurden erarbeitet von Gertraud Bildl, Friedrich Dick, Axel Fahl, Anja Hauenstein, Marianna Lichtenstein, Andrea Mevissen, Angela Mielke, Andrea Wagener, Julia Wiechert, Sonja Wiesiollek.

Redaktion: Dirk Held, Birgit Wernz, Frederike Schlünder

Coverfoto: Corbis / Tetra Images / Mike Kemp

Illustrationen: Uta Bettzieche, Leipzig: S. 30 – Thomas Binder, Magdeburg: S. 22 – Volkhardt Binder, Berlin: S. 108 – Maja Bohn, Berlin: S. 14–17 – Michael Fleischmann, Waldegg: S. 32, 41–48, 58, 64–66 – Nils Fliegner, Hamburg: S. 70–100 – Christiane Grauert, Milwaukee (USA): S. 18–21, 50–54, 102, 103 – Sylvia Graupner, Annaberg: S. 24–27, 104 – Kai Hofmann und Jutta Melsheimer, Berlin: S. 4, 6, 12

Gesamtgestaltung und technische Umsetzung: werkstatt für gebrauchsgrafik, Berlin

Druck: ppm Fulda GmbH & Co. KG, Fulda

Ausgabe ohne interaktive Übungen
1. Auflage, 6. Druck 2024
ISBN 978-3-06-067371-1

Ausgabe mit interaktiven Übungen
1. Auflage, 3. Druck 2021
ISBN 978-3-06-067372-8

Baden-Württemberg

Deutschbuch
Differenzierende Ausgabe

Arbeitsheft

2

Lösungen

Baden-Württemberg

Cornelsen

Eine Klassenarbeit vor- und nachbereiten

Seite 4 + 5

1 b **Sinnvolle Abfolge der Lernschritte:** Überblick: Buch und Heft durchsehen (30 Min.) – Informationen in Mind-Map zusammenfassen – Übung zu Adjektiven und Verben (30 Min.) – Test: Einleitung schreiben (20 Min.) – Wiederholen und Fehlerkartei (40 Min.) – Test: Hauptteil und Schluss schreiben (30 Min.) – Wiederholen und Fehlerkartei (40 Min.); Lesepause und Sport (individuell)

2 a

Handlung
- äußere Handlung
- innere Handlung
- fantastische Elemente

anschaulich erzählen

Sinneseindrücke wiedergeben: Was sahen, hörten, rochen, spürten sie?

Ich-Form: So gelingt es besser, sich in die Geschichte hineinzuversetzen.

Sprache
- treffende Verben
- anschauliche Adjektive und Partizipien
- Signalwörter bauen Spannung auf
- wörtliche Rede

Tempus (Zeitform)
- Präteritum
- Plusquamperfekt

Fantasieerzählung

Aufbau

Einleitung
- Was ist passiert?
- Wer waren die Hauptfiguren?
- Wann ereignete sich das Geschehen?
- Wo ereignete es sich?
- Köder machen neugierig

Hauptteil
- Spannungskurve aufbauen
- Handlungsschritte
- Höhepunkt ausgestalten

Schluss
- rundet die Erzählung ab
- Spannung wird aufgelöst
- zurück in die Wirklichkeit

b Die Spickzettel könnten so aussehen:

Aufbau

Einleitung:
- Einführung
- Wer? Wo? Was? Wann?
- Neugier wecken (Köder)

Hauptteil:
- 3–4 Erzählschritte
- Spannungskurve
- Höhepunkt

Schluss:
- Erzählung abrunden, Bezug zu Anfang
- evtl. offene Frage

Sprache

Spannend erzählen:
- treffende Verben
- anschauliche Adjektive und Partizipien
- Spannungswörter
- unterschiedliche Satzanfänge

Tempus:
- Präteritum
- Plusquamperfekt

Erzähler und Figuren

Erzähler:
- Ich-Erzähler: in Geschehen verwickelt, erzählt aus persönlicher Sicht
- Er-/Sie-Erzähler: nicht am Geschehen beteiligt, erzählt in der Er- bzw. in der Sie-Form

Figuren:
- Hauptfigur: über sie erfährt man am meisten
- Nebenfiguren: geben auch Hinweise auf Hauptfigur
- Eigenschaften, Aussehen, Gedanken, Gefühle
- wörtliche Rede

Handlung
- äußere Handlung
- innere Handlung: Gefühle, Gedanken
- fantastische Elemente

Fantasievoll erzählen

Seite 6 + 7

1 In den Bereich der Fantasie gehören die Zeilen 8–34, in den Bereich der Realität die Zeilen 1–7 und 35–38.

2 **Wer?** – ich **Wo?** – in meinem Zimmer
Wann? – am Freitagabend **Was?** – allein zu Hause, Mondlicht, unheimliche Geräusche, Schatten nähert sich

3 a Die Handlungsschritte in der richtigen Reihenfolge: (der Höhepunkt ist unterstrichen): 1 K: Ich war zum ersten Mal allein zu Hause. – 2 Ö: Ich vernahm ein Geräusch. – 3 D: Der Vorhang bewegte sich. – 4 E: Gruselige Stimmen riefen meinen Namen. – 5 R: Der riesige Schatten bewegte sich auf mich zu. – 6 N: Meine Mutter weckte mich.
b Lösungswort: K-Ö-D-E-R-N

4 a **aussagekräftige Verben:** starren, tuscheln, vernehmen, rasen, zittern, schreien, rütteln, erschrecken
anschauliche Adjektive und Partizipien: mulmig, gespenstisch, beruhigend, schweißgebadet, klagend, gruselig, fieberhaft, zugeschnürt
b **Signalwörter für Spannung:** plötzlich, da, auf einmal, gleich darauf, schon

5 **Ausrufe- und Fragesätze:** „Bewegte sich nicht auch der Vorhang ein wenig?", „Wie kann sich der Vorhang bewegen, wenn die Katze draußen ist?", „Was soll ich bloß machen?", „Hilfe, Hilfe!"
Darstellung von Gedanken und Gefühlen: Mir war etwas mulmig zumute; Meine Hände wurden feucht und mein Herz klopfte schneller; Vor lauter Entsetzen konnte ich jedoch keinen klaren Gedanken fassen; Ich bekam Gänsehaut und meine Kehle war wie zugeschnürt; Ich zitterte wie Espenlaub und war schweißgebadet. Mein Herz blieb fast stehen.

Stärken stärken: Eine Fantasieerzählung schreiben
Seite 8 + 9

1 **2** Individuelle Lösungen in der Mind-Map.

3 Beispiel für eine Einleitung:
Ich hatte schon den ganzen Tag Fieber, ich lag in meinem Bett und trank Tee. Da ich nicht schlafen konnte, war mir fürchterlich langweilig. Dauernd drehte ich mich von einer Seite auf die andere. Ich wartete, dass endlich etwas passieren würde. Doch was dann geschah, damit hatte ich nicht gerechnet …

4 a + b Mögliche Gedanken und Gefühle der Hauptfigur:
– „Hilfe, ein Erdbeben!", schoss es mir durch den Kopf.
– „Was geschieht hier?", staunte ich plötzlich hellwach.
– „Gleich rutsche ich vom Bett herunter!", ging es mir verzweifelt durch den Kopf.

5 Möglicher Aufbau einer Fantasieerzählung:
– das Bett begann zu schwanken
– es hob vom Fußboden ab, steuerte auf das offene Fenster zu
– flog aus dem Fenster hinaus, immer schneller und höher
– ich steuerte es links und rechts um die Häuser herum
– zu viel Schwung, das Bett kippte, ich rutschte

6 a + b Hier findest du ein Beispiel für eine Fantasieerzählung zu einem fliegenden Bett:

Das fliegende Bett
Ich hatte schon den ganzen Tag Fieber, ich lag in meinem Bett und trank Tee. Da ich nicht schlafen konnte, war mir fürchterlich langweilig. Dauernd drehte ich mich von einer Seite auf die andere. Ich wartete, dass endlich etwas passieren würde. Doch was dann geschah, damit hatte ich nicht gerechnet …
Ich schlürfte einen Schluck Tee und wischte mir über meine fieberheiße Stirn. Da – was war plötzlich mit mir los? Die dampfende Flüssigkeit in meiner Tasse fing an, hin und her zu schwappen. Oder zitterte meine Hand? Ich stellte die Tasse ab. Tatsächlich: Jetzt spürte ich ein Schütteln im ganzen Körper. „Hilfe! Ein Erdbeben!", schoss es mir durch den Kopf. Ich fühlte mich wie in einem schwankenden Boot bei hohem Wellengang. „Was geschieht hier?", staunte ich plötzlich hellwach. Langsam begann mein Bett, sich vom Fußboden zu heben, es schwebte höher und höher auf das offene Fenster zu. Das Bett kippte leicht nach links, panisch klammerte ich mich daran fest. Dann flog es mit einem Schwung ganz hinaus. Vorsichtig schaute ich über die Bettkante nach unten. Tief unter mir lag die Stadt, die Menschen und Autos sahen klein wie Spielzeug aus. Da bemerkte ich: Wenn ich mich nach links lehnte, flog das Bett nach links. Bewegte ich mich nach rechts, machte es eine Rechtskurve. Das machte Spaß! Problemlos steuerte ich um die höchsten Hochhäuser! Aus lauter Übermut zog ich eine scharfe Linkskurve um den Kirchturm. Oje, was passierte jetzt? Mein Bett legte sich schief und ich kam ins Rutschen. „Halt!", brüllte ich aus Leibeskräften, doch das Bett kippte immer mehr. „Gleich rutsche ich herunter!", ging es mir verzweifelt durch den Kopf. Ich krallte mich an der Matratze fest und schloss vor Angst schlotternd die Augen …
„Hast du doch ein bisschen geschlafen?", meinte meine Mutter, die wie aus dem Boden gewachsen vor mir stand. Noch immer zitternd schaute ich mich um: Ich war in meinem Zimmer und saß verkehrt herum in meinem Bett. War alles nur ein Traum gewesen?

Stärken stärken: Eine Fantasieerzählung schreiben

Seite 10

 1 Mögliche Stichworte zum Thema „Der lebendige Kühlschrank": Rascheln und Poltern aus der Küche, Licht geht an und wieder aus, Kühlschranktür öffnet und schließt sich, Kühlschrank bewegt sich

2 Beispiel für einen Schreibplan:
Einleitung:
– Wer? Matthes und sein älterer Bruder Christian
– Wo? zu Hause, in der Küche
– Wann? Donnerstagabend
Hauptteil:
– Matthes machte seine Hausaufgaben
– Christian hörte Geräusche aus der Küche, Rascheln und Poltern
– in der Küche flackerte ein Licht auf, ging wieder aus, blitzartig
– Christian ging dem Geräusch nach
– Scherben klirrten
Schluss:
– Matthes wachte auf, war am Schreibtisch eingeschlafen
– Christian war in der Küche ein Teller runtergefallen

3 Mögliche Gedanken und Gefühle der Hauptfigur:
– „Was sind das für Geräusche?"
– „Bloß nicht in meinem Zimmer allein sein!"
– „Wo kommt das Licht plötzlich her? In der Küche ist doch niemand ..."
– „Gut, dass Christian so mutig ist!"

4 a + b Hier findest du ein Beispiel für eine Fantasieerzählung zu einem lebendigen Kühlschrank:

Der wildgewordene Kühlschrank
Am letzten Donnerstagabend war ich mit meinem Bruder Christian allein zu Hause. Er saß im Wohnzimmer und las ein Buch. Ich saß an meinem Schreibtisch und machte Hausaufgaben. Plötzlich wurde meine Aufmerksamkeit von den Matheaufgaben abgelenkt ...
Aus der dunklen Küche hörte ich Geräusche. Ein lautes Rascheln und Poltern ertönte. „Hörst du das?", rief ich Christian erschrocken zu. „Bist du das in der Küche?" „Nein, ich sitze auf dem Sofa", antwortete er aus dem Wohnzimmer. Da – es raschelte wieder. Zitternd legte ich den Stift beiseite und stand auf. „Bloß nicht in meinem Zimmer allein sein!" Eilig bewegte ich mich in Richtung Wohnzimmer. Im Vorbeigehen sah ich aus dem Augenwinkel auf einmal einen Lichtschein. „Wo kommt das Licht plötzlich her? In der Küche ist doch niemand ..." Es wurde wieder dunkel, dann flackerte das Licht mehrfach kurz auf wie Blitze am Himmel: hell – dunkel – hell – dunkel. „Ich gehe jetzt mal nachsehen!", meinte Christian auf einmal entschlossen. „Gut, dass Christian so mutig ist!" Ich folgte ihm in die dunkle Küche. Plötzlich sahen wir wieder die Lichtblitze und erkannten: Das war der Kühlschrank. Die Tür öffnete und schloss sich: hell – dunkel – hell – dunkel. Er stand auch nicht mehr an seinem Platz an der Wand, sondern mitten im Raum. Ein Knarzen erklang und der Kühlschrank bewegte sich in schnellem Tempo auf uns zu. Ich schloss verängstigt die Augen. Und dann folgte ein lautes Klirren ...
Ein wenig orientierungslos wachte ich auf. Mein Kopf lag auf dem Schreibtisch, ich war wohl über meinen Hausaufgaben eingeschlafen. Hatte ich alles nur geträumt? Als ich nach Christian suchte, fand ich ihn in der Küche. Er fegte gerade ein paar Scherben zusammen, weil ihm ein Teller heruntergefallen war.

Stärken stärken: In einem persönlichen Brief fantasievoll erzählen

Seite 11 + 12

1 **In dieser Reihenfolge:** Briefkopf, Anrede, Einleitung, Hauptteil, Schluss, Grußformel, Unterschrift

2 In den Bereich der Fantasie gehört: Kröte spricht (gesamte wörtliche Rede) – Kröte sieht ihn mit vorwurfsvollem Blick an – Kröte fixiert mit scharfem Blick – inhaltlich: „Gesetz der Tiere für Kidnapping" – Angst von Philipp und Krabbeln ins tiefere Wasser.

3 Lieber Philipp, |

vielen Dank für deinen Brief. Lange habe ich nichts von dir gehört! Du glaubst nicht, was in den letzten Wochen alles passiert ist, davon muss ich dir unbedingt erzählen. |
Am letzten Ferientag war ich mit Fabian an einem düsteren Waldweiher. In der Abenddämmerung wollten mein Bruder und ich noch Froschlaich sammeln. Gemeinsam wateten wir knietief im brackigen Wasser. Da rutschte ich plötzlich auf den schlickigen Steinen aus und klatschte rücklings ins flache Uferwasser. |
Als ich auf allen Vieren wieder auftauchte, traute ich kaum meinen Augen: Am Uferrand saß eine riesige, dicke Kröte [...]?
Sie hatte braune, von Warzen übersäte Haut und sah mich mit vorwurfsvollem Blick an [...]! Aber das war noch nicht alles.
„Kannst du mir erklären, was du da machst?" Ich erschrak zu Tode [...]! Die Kröte machte einen Satz auf mich zu und fixierte mich mit scharfem Blick. „Findest du es richtig, anderen Lebewesen nur zum Spaß ihren Nachwuchs zu entführen?", zischte sie. „Weißt du, welche Strafen das Gesetz der Tiere für Kidnapping vorsieht?", fauchte sie aufgebracht [...]? Da bekam ich es

wirklich mit der Angst zu tun. Panisch krabbelte ich ins tiefere Wasser, nur weg von dieser Kröte. Plötzlich war da eine Untiefe, ich spürte keinen Boden mehr. Das Wasser schlug über meinem Kopf zusammen. „Ich ertrinke", schoss es mir durch den Kopf! |
Da packten mich zwei kräftige Hände und Fabian zog mich an die Oberfläche. „Du Tollpatsch bist ausgerutscht und hast dir den Kopf an einem Stein gestoßen." Aber ich wusste es besser [...]! Ganz ehrlich: Froschlaich sammle ich nie mehr ... |
Kannst du dir so was Verrücktes vorstellen? Hast du schon mal Ähnliches erlebt? |

Liebe Grüße,
dein Felix

4 Stellen, in denen Felix auf Philipp eingeht, sind nur in den einleitenden Sätzen („vielen Dank für deinen Brief ...") und im Schlussteil zu finden („Kannst du dir so was ..."). Im Hauptteil fehlt die Adressatenorientierung, Felix geht zu wenig auf Philipp ein.

5 Mögliche Ergänzungen in den Klammern:
(Z. 9) eine riesige, dicke Kröte [, kannst du dir das vorstellen]?
(Z. 10) sah mich mit vorwurfsvollem Blick an [, ob du's glaubst oder nicht]!
(Z. 11) Ich erschrak zu Tode [, wie du dir sicher vorstellen kannst]!
(Z. 15) fauchte sie aufgebracht [, hast du gewusst, dass Kröten fauchen können]?
(Z. 20) Aber ich wusste es besser [, das kannst du mir glauben]!

6 Philipps Brief klingt weniger spannend als der von Felix,
  − weil er nur Hauptsätze aneinanderreiht und auch keine spannenden Konjunktionen einsetzt.
  − Er verwendet immer die gleichen Verben und wenig anschauliche Adjektive.
  − Signalwörter für Spannung fehlen.
  − Philipp geht nicht auf den Adressaten ein. Eine Empfängeransprache fehlt.

7 Mögliche Ergänzung des Briefs an Felix:

Lieber Felix,
das war ja tatsächlich ein fantastisches Ereignis, das du mir in deinem letzten Brief beschrieben hast. Und ich glaube dir gern, denn auch mir ist vor Kurzem etwas Unglaubliches passiert.
Es war ein Tag wie jeder andere in den Winterferien. Gerade hatte es frisch geschneit und nach der klirrenden Kälte der letzten Tage verabredete ich mich mit Freunden zum Schlittenfahren. Der kürzeste Weg zum Schlittenberg führte über einen Weiher, der zugefroren vor uns lag. Tobias wollte den See umrunden, aber ich wagte den direkten Weg. Ich tapste übers Eis, als es auf einmal knackte und knarzte. Mit einem lauten Schrei brach ich ein. Ich bekam einen riesigen Schreck, da das eisige Wasser sofort auf die Haut durchdrang. Mit aller Kraft versuchte ich, mich aus dem Wasser zu stemmen, doch ich schaffte es nicht zurück auf die spiegelglatte Eisfläche. Auf einmal aber sprach mich ein Wels an, der neben mir auftauchte. Er nuschelte, ob er wohl helfen könne. Gemeinsam nahmen wir all unsere Kraft zusammen. Nach mehreren Versuchen rutschte ich endlich auf die Eisfläche und von dort ans Ufer, wo ich kraftlos zusammenbrach.
Da stand Tobias plötzlich schweratmend neben mir. Er ließ sich in den Schnee plumpsen und meinte: „Meine Güte, bist du schwer! Lass uns bloß rasch heimgehen und dich ins Warme bringen, sonst holst du dir eine Lungenentzündung!" Ob er den Wels bemerkt hatte? Oder habe ich mir das alles nur eingebildet?
Was meinst du? Hat mir die Kälte einen Streich gespielt oder habe ich meine Rettung einem Fisch zu verdanken? Na ja, jedenfalls werde ich in Zukunft vorsichtiger sein.

Liebe Grüße
dein Philipp

Teste dich! Fantasievoll erzählen

Seite 13

1 Richtige Reihenfolge der Wörter im Lückentext: 11 Punkte
Wirklichkeit − ungewöhnliche Dinge − Einleitung − W-Fragen − Wo? − Köder − Fantasie −
Spannungskurve − treffende Verben − anschauliche Adjektive − Signalwörter

2 Die Erzählschritte in der richtigen Reihenfolge (der Höhepunkt ist unterstrichen):   6 Punkte
1 S: Ich lag in meinem Bett und konnte nicht schlafen. − 2 C: Der Boden im Kinderzimmer begann zu beben. −
3 H: Mein Bett schwebte zum Fenster. − 4 R: Das Bett schwankte in der Luft hin und her. − 5 A: Die Stadt lag
tief unter mir. − 6 N: Ich konnte das Bett lenken. − 7 K: Das Bett kippte nach einem Kurvenmanöver. −
8 E: Ich wachte auf und saß verkehrt herum im Bett.
Lösungswort: S-C-H-R-A-N-K-E

Insgesamt zu erreichende Punktzahl: 17 Punkte

Eine Fabel schreiben

Seite 14 + 15

1 Vielleicht musstest du folgende Begriffe nachschauen:
(Z.4): obgleich: obwohl – (Z.4): unaufhörlich: immer wieder – (Z.5): fand sich betrogen: fühlte sich betrogen, wurde betrogen –
(Z.7): mochte wohl ahnen: vermutete, ahnte schon – (Z.16): Mutwillen: Gemeinheit – (Z.16): hinlänglich: ausreichend

2 **Storch:** heiter, höflich, beharrlich, schlau, erhaben, listig – **Fuchs:** gierig, boshaft, mutwillig, verärgert, einsichtig

3 **Ausgangssituation:** (Z.1) Ein Storch wird vom Fuchs zum Essen eingeladen.
Konflikt: (Z.2–4) Der Fuchs narrt den Storch, da dieser von den flachen Tellern nicht essen kann.
(Z.5–9) Der Storch fühlt sich betrogen. Er will sich rächen und den Fuchs ebenfalls zu einem Essen einladen.
Überraschende Wende: (Z.10–16) Der Storch rächt sich am Fuchs mit dessen eigenen Waffen: Aus den langhalsigen Gefäßen kann der Fuchs nichts essen.

4 a Individuelle Lösung
b Lehre von Äsop: Was du nicht willst, das man dir tu', das füg' auch keinem anderen zu.

Stärken stärken: Eine Fabel schreiben

Seite 16

1 a + b Beispiel für die Auswahl aus dem Wortspeicher:
Rabe: gierig, gemein, will nicht teilen – **Schildkröte:** gemütlich, freundlich, behäbig
Ausgangssituation: Rabe und Schildkröte begegnen sich
Möglicher Konflikt: Streit ums Fressen, Rabe will nichts abgeben, versucht die Schildkröte zu überlisten
Überraschende Wende: Die Schildkröte überlistet ihrerseits den Raben
Beispiel für eine Parallelfabel:
Eines schönen Sommertages trottete eine behäbige, doch gutmütige Schildkröte einen Weg entlang. Sie war hungrig und so machte sie sich also auf die Suche nach Futter. Doch obwohl es Sommer war, fand sie nichts zu fressen. Als ihr Hunger gar zu groß wurde, entdeckte sie plötzlich einen Raben, der mit einem Zweig mit vielen bunten Blättern im Schnabel den Weg entlang hüpfte. „Herr Rabe, habt Ihr wohl etwas Blattgrün für mich, Ihr habt doch so viel. Wollt Ihr mir nicht ein kleines Blättchen überlassen?" Der Rabe funkelte sie misstrauisch an: „Warum? Wenn du dir kein eigenes Fressen suchen kannst, weil du zu langsam bist, ist das nicht meine Schuld." Doch die Schildkröte wollte noch nicht aufgeben. „Aber Ihr habt doch so viel. Nur ein winziges Blättchen!", bettelte sie. „Nein", schrie der Rabe mit seiner hohen Stimme und flog rasch auf den nächsten Baum. „Versuch doch hier hochzuklettern, du behäbige Schildkröte mit deinem schweren Panzer." Der Rabe lachte triumphierend. Traurig und noch immer hungrig trottete die Schildkröte von dannen. Sie fand schließlich ihr Futter und bunkerte dieses sogleich in ihrem Panzer, den der Rabe so verspottet hatte.
Schließlich kam der Winter. Viele Tiere hatten in dieser Jahreszeit große Probleme, Futter zu finden, alles war verschneit und die Büsche kahl. Auch dem Raben erging es so. Dann traf er die Schildkröte wieder. Gerade fraß sie genüsslich einige Blätter, die sie in ihrem Panzer gesammelt hatte. „Oh, liebe Schildkröte," sprach der Rabe, „willst du mir nicht etwas abgeben? Ich bin doch so hungrig." Die Schildkröte entgegnete: „Nein, Ihr habt auch nicht mit mir geteilt, als ich in Not war", und mit diesen Worten zog sie sich zurück in ihren Panzer. Der Rabe klopfte gegen die Schale und bettelte weiter, doch die Schildkröte kam nicht mehr heraus.
Der Rabe musste einsehen, dass er der Schildkröte Unrecht getan hatte und dass diese Recht hatte, ihn für seine Gemeinheit zu strafen.

2 a + b Beispiel für die Auswahl aus dem Wortspeicher:
Ameise: klein, kräftig, fleißig, Teil eines Ameisenstaates – **Wolf:** groß, gemein, gefährlich, eingebildet
Ausgangssituation: Ameise und Wolf begegnen sich
Möglicher Konflikt: Lebensgefahr
Überraschende Wende: Ameise kommt dem Wolf in der Falle zu Hilfe.
Beispiel für eine eigene Fabel:
Eine kleine Ameise hatte sich bei der Suche nach Nahrung von der Gruppe entfernt und machte sich an einem saftigen Blatt zu schaffen. Als sie es in Richtung Ameisenhügel zerrte, kreuzte sie den Schlafplatz eines Wolfes, der faul vor sich hin döste. Als der Wolf die sich mühende Ameise bemerkte, begann er aus Langeweile ein übles Spiel. Er versperrte der kleinen Ameise mit seiner Tatze den Weg und als er seines Spiels überdrüssig wurde, wollte er sie zerquetschen. Da bat die Ameise um ihr Leben: „Herr Wolf, Ihr mögt groß und mächtig sein. Und mein Leben mag Euch gering erscheinen. Aber wir Ameisen können Großes bewegen. So verschont mich – es soll Euer Schaden nicht sein." – Da lachte der Wolf höhnisch: „Was wollt Ihr mir schon nützen? Aber wohl denn, Ihr habt mir die Zeit launig vertrieben. Zieht von dannen!" Und so verschonte er die Ameise, die mit ihrem Blatt rasch in Richtung Ameisenbau verschwand.
Wochen später hörte die kleine Ameise bei der Nahrungssuche ein fürchterliches Geheul! Sie folgte dem Geräusch und fand den Wolf auf einer Lichtung in einer von Menschen gemachten Falle, wo er auf seinen Tod wartete. „Es ist wohl an der Zeit, Herr Wolf, dass ich Euch Euren Großmut vergelte", meinte da die kleine Ameise. Und auf ihr Signal strömten plötzlich tausende Ameisen auf die Lichtung. Sie lockerten das Erdreich und gruben die Pflöcke aus, mit denen die Falle am Boden verankert war. Da löste sich die Schlinge um den Lauf des Wolfes und er war frei.
Demütig bedankte er sich bei der kleinen Ameise und versprach, den kleinen Helfern nie wieder ein Haar zu krümmen.

3 Beispiel für die Auswahl aus dem Wortspeicher:

Löwe: König der Tiere, stark, mächtig, schneller Jäger, eingebildet − **Frosch:** klein, schlau, guter Schwimmer

Ausgangssituation: Frosch und Löwe begegnen sich

Möglicher Konflikt: Eitelkeit

Überraschende Wende: Der Frosch fordert den Löwen zu einem Wetttauchen heraus.

Lehre/Moral: Hochmut kommt vor dem Fall.

Beispiel für eine eigene Fabel:

Ein kleiner grüner Frosch sonnte sich gemütlich auf einem großen Stein, ganz in der Nähe eines mit Seerosen bewachsenen Tümpels. Er räkelte sich glücklich in der warmen Mittagssonne, als plötzlich ein Löwe die Lichtung betrat. Sein goldenes Fell glänzte satt in dem hellen Licht und er drehte seinen großen Kopf erhaben in alle Richtungen. Voller Staunen erhob sich der kleine Frosch von seinem Felsen und hüpfte bewundernd auf den Löwen zu. „Guten Tag, mächtiger Löwe!", grüßte der Frosch mit hoher Stimme. „Wie geht es Euch an diesem herrlichen Tag?" Der Löwe erwiderte schließlich gelangweilt: „Was willst du von mir, zwergenhafter Frosch? Ich bin der König der Tiere, ich spreche nicht mit so kleinen Winzlingen wie dir. Sieh dich doch an, bist zu nichts gut, als den lieben langen Tag faul auf deinem Stein zu liegen. Nicht einmal richtig laufen kannst du." Traurig erwiderte der Frosch: „Doch ich kann andere Dinge ..." Genau in diesem Moment betraten viele weitere Tiere die Lichtung. Zebras, Antilopen, Elefanten und Affen, sie alle kamen, um an dem Tümpel zu trinken. Der Löwe, der eine Möglichkeit sah, seine Erhabenheit in aller Öffentlichkeit zu zeigen, sagte zu dem Frosch: „Doch wenn du darauf bestehst, lass uns einen Wettkampf veranstalten. Wir treten gegeneinander an und solltest du tatsächlich gewinnen, so werde ich meine Worte zurücknehmen." So starteten die beiden Tiere ein Wettrennen, bei dem der Löwe auf Grund seiner Größe und seiner kraftvollen Beine und Pranken gewann. Der arme kleine Frosch hüpfte erst viele Minuten nach dem Löwen über die Ziellinie. Daraufhin begann der Löwe, ihn vor allen anderen Tieren zu verspotten. „So lasst mich, Herr Löwe, wenn Ihr die erste Disziplin bestimmt habt, die zweite wählen", entgegnete der Frosch. „Wenn das alles ist. Ich werde dich in allem schlagen!", sprach der Löwe siegessicher.

Der grüne Frosch hüpfte auf den Felsen: „Taucht schneller als ich und Ihr seid der Sieger." Er sprang von dem Felsen herab ins Wasser und tauchte nur wenige Sekunden später auf der anderen Seite wieder auf. Ein anerkennendes und zugleich erstauntes Raunen ging durch die Menge der umstehenden Tiere. Der Löwe stand wie erstarrt da und sah den Frosch schließlich zerknirscht an. Voller Unwohlsein musste er zugeben, dass Löwen zwar mit Mühe schwimmen, doch keineswegs tauchen können. Die anderen Tiere begannen zu lachen und den Löwen zu verhöhnen.

Reumütig musste der Löwe zugeben, er habe den Frosch demütigen wollen, um sich selbst zu erheben. Doch er gestand dem Frosch dessen Können zu und nahm seine Worte zurück.

Teste dich! Fabeln

Seite 17

1	Richtige Reihenfolge der Absätze: 1. „Ein Frosch hockte ..." − 2. „Warum bin ich nicht ..." − 3. „Er blies sich auf ..." − 4. „Nun dachte der Frosch ..."	4 Punkte
2	Bei der Überarbeitung deiner Fabel kannst du 5 Punkte erreichen, wenn du alle Merkmale aus der Checkliste berücksichtigt hast.	5 Punkte
	Insgesamt zu erreichende Punktzahl:	9 Punkte

Beschreiben

Einen Gegenstand beschreiben

Seite 18

1 zu unterstreichende Informationen: graue Schuhe der Größe 36, Obermaterial Leder, Hinterkappe und Lasche aus Leder, Innenschuh nicht grau, Schnürbänder Grundfarbe des Modells, Außenrist und Laschen Aufdrucke

2 b Damensportschuh, pinkfarbener Innenschuh, Aufdruck im Dreieckmuster, weiße Gummisohle mit pinkfarbenem Dreieck

Stärken stärken: Einen Gegenstand genau beschreiben

Seite 19

 1 a + b **Gegenstand:** Frauensportschuh

Farbe/Gestaltung: aluminiumgrau, pink, schneeweiß

Form/Ausstattung: sportlich, modisch

Maße/Größe: 36

Material: Leder, Gummisohle

Besonderheiten: Aufdruck im Dreieckmuster auf dem Außenrist und auf der Lasche, pinkfarbenes Dreieck auf der Gummisohle

2 a Mögliche weitere Adjektive und Partizipien: bequem, sportlich, modisch, gezackt, abgenäht, besohlt, geschnürt ...

b federleicht, aluminiumgrau, wasserabweisend

3 Mögliche Wortgruppen: wasserabweisendes Obermaterial (aus Leder), aluminiumgraue Grundfarbe, schneeweiße Gummisohle (vom Leder abgesetzt), mit Gummi besohlt, modischer Schuhschnitt …

4 a + b Deine Suchmeldung könnte so lauten:

Sportschuhe vermisst!
Ich suche meine Schuhe, die ich am 5. November in der Schulsporthalle vergessen habe. Weder der Sportlehrer noch der Hausmeister haben die Schuhe gefunden. Daher bitte ich um eure Mithilfe!
Hier eine kurze Beschreibung: Es handelt sich um aluminiumgraue Mädchen-Sportschuhe der Größe 36. Beim Obermaterial handelt es sich um Leder. Die Hinterkappe und die Lasche bestehen ebenfalls aus diesem wasserabweisenden Obermaterial in Grau. Der Innenschuh leuchtet in strahlendem Pink. Die Schnürbänder dagegen sind in der aluminiumgrauen Grundfarbe des Modells gehalten. Auf dem Außenrist und den Laschen der Schuhe sind dunkelgraue Aufdrucke im Dreieckmuster abgesetzt. Die schneeweiße Gummisohle mit pinkfarbener Aussparung rundet das Design der federleichten Schuhe ab. Der ehrliche Finder erhält eine Belohnung. Bitte meldet euch bei …

Stärken stärken: Einen Vorgang beschreiben

Seite 20 + 21

1 **Materialien:** Streichholz, Apfel, Nuss, Papier — **Arbeitsmittel:** Klebstoff, Lineal, Schere, Zirkel, Stifte

2 Mögliche Einleitung:
Für das Basteln eines Apfelmännchens benötigst du als Materialien ein Streichholz, einen Apfel, eine mittelgroße Walnuss und buntes Papier. Als Arbeitsmittel solltest du Klebstoff, ein Lineal, eine Schere, einen Zirkel und bunte Stifte bereitlegen.

3 Nummern von oben nach unten in dieser Reihenfolge: 6 – 3 – 4 – 5 – 2 – 7 – 1

4 Die umformulierten Arbeitsschritte können wie folgt lauten:
– Zuerst zeichnest du mit dem Zirkel einen Kreis von etwa 30 cm Durchmesser, also 15 cm Radius, auf das Papier. Anschließend ziehst du mit dem Lineal eine Linie durch den Kreismittelpunkt. Es entstehen jetzt zwei Halbkreise. Die schneidest du nun aus. Damit hast du dann gleich Material für zwei Mäntel.
– Als Nächstes formst du aus dem Halbkreis einen Kegel. Dazu musst du zunächst an deinem Apfel Maß nehmen, damit der Mantel später passt. Du legst das Papier jetzt wie einen Mantel um den Apfel. Zuletzt klebst du die Außenkante, damit ein fester Kegel entsteht.
– Du schneidest nun von dem Kegel die Spitze ab, und zwar in Höhe der Schultern des Apfelmännchens.
– Die übrig gebliebene Kegelspitze legst du dann um die Walnuss und klebst sie schließlich als Hut auf ihr fest.
– Im Anschluss daran steckst du den Kopf (die Nuss mit Kegelhut) auf den Körper (den Apfel) mit Mantel.
– Zuletzt bemalst und schmückst du deine Figur. – Nun ist das Apfelmännchen fertig!

5 Möglicher Tipp: Mit ein wenig Watte kannst du aus deinem Apfelmännchen blitzschnell einen Weihnachtsmann zaubern!

Stärken stärken: Einen Zaubertrick genau beschreiben

Seite 22

2 a 2 – 1 – 3 – 5 – 4
b **Die Zauberschlaufe** (verbesserte Wörter sind unterstrichen)
Für den Trick „Die Zauberschlaufe" benötigt man eine Schnur in Form einer Schlinge und einen kleinen Ring (z.B. ein Haargummi). Zuerst wird die Schlinge durch den Ring gefädelt. Dann hält ein Assistent die Schlinge stramm/straff auf den Zeigefingern in die Luft. Der Zauberer greift mit der linken Hand an die Schnur zwischen dem Ring und der linken Hand des Assistenten. Er fasst mit der rechten Hand die Schnur zwischen dem Ring und seiner linken Hand. Seine linke Hand bleibt unverändert. Die rechte Hand führt dann die Schnur über den Daumen des Assistenten. Wieder bleibt die linke Hand des Zauberers unbewegt. Mit der rechten Hand fasst er danach die hintere Schnur links vom Ring. Er legt diese über den linken Daumen seines Assistenten. Dieser muss die Schnur straffziehen und im gleichen Moment lässt der Zauberer die Schnur los.

Teste dich! Beschreiben

Seite 23

1	**Einleitung:** Anlass einer Beschreibung nennen	1 Punkt
	Hauptteil: Gesamteindruck darstellen, Gegenstand genau beschreiben, Fachbegriffe verwenden, genau beschreibende Adjektive und Partizipien nutzen, Reihenfolge beachten	5 Punkte
	Schluss: Bitte um Rückgabe formulieren, weitergehende Informationen geben	2 Punkte
2	Richtige Reihenfolge der Wörter im Lückentext: sachlich – Adjektive und Partizipien – treffende Verben – sinnvolle Reihenfolge – von links nach rechts – zeitlichen Abfolge – zuerst – dann – abschließend – Präsens	10 Punkte
	Insgesamt zu erreichende Punktzahl:	18 Punkte

Sagen

Merkmale einer Sage erkennen

Seite 24

1 Merkmale der Sage und des Märchens:

	Sage	Märchen
A Ort und Zeit des Geschehens werden meistens genannt.	Sage	
B Es treten typische Figuren ohne Namen auf (König, Hexe …).		Märchen
C Meist spielen magische Zahlen eine Rolle.		Märchen
D Oft werden die Namen der handelnden Personen angegeben.	Sage	
E Es passieren wundersame (oft unheimliche, unerklärliche) Ereignisse.	Sage	Märchen
F Die Handlung geht in der Regel gut aus.		Märchen
G Am Anfang und am Ende stehen typische Formeln.		Märchen
H Die Geschichte hat einen wahren Kern.	Sage	

2 **Merkmale der Sage im Text:** Etzel (Z.1, Name) – Hunnenheer (Z.1, Hinweis auf die Zeit) – Lechgebietes (Z.2), Augsburg (Z.3), Lechfluss (Z.4, Orte) – es erhob sich vom Grund eine riesige Frauengestalt (Z.7f.), grauenhaft und furchtbar (Z.9, unerklärliche Ereignisse) – schreckliche Hunnenschlacht am Lech (Z.23f., wahrer Kern) – Bischof Ulrich (Z.24, Name) – dem Christenheer zum Sieg verhalf, sodass sich die Hunnen zurückziehen mussten (Z.24ff., wahrer Kern)

Stärken stärken: Eine Heimatsage erschließen

Seite 25

1 Die Sage beschreibt, wie Hunnenkönig Etzel versucht, den Lech zu überschreiten. Dabei wird er von einer unheimlichen Riesennixe zurückgewiesen.

2 Beispiellösungen:
A Die Sage spielt zur Zeit des Hunneneinfalls in Europa etwa zwischen 420 und 450. – B Als König Etzel gerade den Fluss durchqueren will, taucht aus dem Wasser eine riesige Frauengestalt auf und befiehlt ihm umzukehren. – C Über die gespenstische Erscheinung erschrickt der König so sehr, dass er umkehrt.

3 Die Geschichte hat einen wahren Kern. – Ort und Zeit des Geschehens werden meist genannt.

4 Beispiellösung:
Bei dem Text „Die Prophezeiung" handelt es sich um eine Sage. Das kann man an verschiedenen Merkmalen erkennen: Sowohl die Zeit (Zeit des Hunneneinfalls, Z.1) als auch Orte (Lechgebiet, Z.2, Lechfluss, Z.4, Augsburg, Z.3) und Namen (Etzel, Z.1, bzw. Attila, Z.14, Bischof Ulrich, Z.24) sind angegeben. Typisch für die Sage ist auch die unheimliche Figur (die Stromfrau, Z.8ff.). Außerdem passieren unerklärliche Ereignisse (ihr Auftauchen aus dem Fluss, ihre Warnung, ihr Verschwinden, Z.8–17). Der wahre Kern der Geschichte ist ebenfalls zu erkennen: Der Einfall der Hunnen unter Etzel und die schreckliche Schlacht fanden im 5. Jahrhundert n.Chr. statt.

Stärken stärken: Eine antike Sage erschließen, einen Helden beschreiben

Seite 26 + 27

1 Beispiellösungen:
A Poseidon ist wütend auf König Minos, weil dieser ihm anstelle eines prächtigen Stiers einen minderwertigen geopfert hat. – B Rache übt Poseidon, indem er den prächtigen Stier Kreta verwüsten lässt. – C Das Volk hat Angst vor dem Stier und hasst den König, weil er schuld ist am Wüten des Stiers. – D Herakles soll auf Kreta den Stier Poseidon einfangen.

2 Merkmale der Sage, insbesondere der Götter- und Heldensage, in der Geschichte über Poseidons Stier: In der Sage spielen Götter eine Rolle, etwa Zeus und Poseidon. Es kommt ein Held vor, nämlich Herakles (Z.16). Es werden Namen angegeben, Z.B. König Minos (Z.30). Zeit und Ort werden genannt, das Geschehen spielt zur Regierungszeit von König Minos (Z.30) auf Kreta (Z.16). Dass der Stier die Insel verwüstet und keiner ihn fangen kann, ist unerklärlich (Z.1–9).

3 a Mögliche Markierungen: groß, stark (Z.23) – ehrlich (Z.51)
b Beispiellösung: Herakles denkt, dass König Minos schuld an dem Unglück des Volkes ist, da er Poseidon betrogen hat. Dies nimmt der Held dem König sehr übel, will ihm aber trotzdem helfen.

Stärken stärken: Eine Sage weiterschreiben, einen Text überarbeiten

Seite 28

2 **3** **Beispiellösung für eine Fortsetzung der Sage:**

... Plötzlich blieben sie stehen, denn aus der Hütte tönten seltsame Geräusche. Sie hörten etwas wie das Scharren von Hufen und dann ein wildes Schnauben. Mit einem Mal stürzte ein riesiger Stier auf die Männer zu. Minos konnte gerade noch zur Seite springen und überschlug sich auf der Erde. Herakles war ebenfalls ausgewichen, doch nahm er blitzschnell den Strick, den er mit sich getragen hatte, und schleuderte ihn über den Nacken des Stiers. Mit einem Ruck wollte der sich losreißen, bäumte sich auf und zog Herakles ein paar Meter mit sich. Doch Herakles stemmte sich gegen einen Felsen, hielt den Strick fest in seinen Fäusten und riss das Tier schließlich zurück. Brüllend kam es zu Fall und versuchte, wieder auf die Beine zu kommen. Noch wehrte sich der Stier eine Weile, dann wurden seine Bewegungen schwächer. Herakles ging auf ihn zu und klopfte beruhigend auf den Kopf des zitternden Tiers. Es war ganz friedlich geworden. Bald konnte Herakles den Stier auf die Beine hochziehen und das wilde Tier ließ sich ohne Widerstand am Strick führen. Es hatte gemerkt, dass Herakles der Stärkere war.

4 Die Checkliste, mit der du die Sage überprüft hast, könnte so aussehen:

Checkliste: Fit für Sagen?

	☺	☹
Sind die Figuren beim Weiterschreiben erhalten geblieben?		x
Haben die Figuren ihre besonderen Eigenschaften beibehalten?		x
Wurde das Umfeld der Sage berücksichtigt?	x	
Zeichnet sich der Held durch außergewöhnliche Fähigkeiten aus?	x	
Wurde der sprachliche Stil der Sage beibehalten?		x
Ist auch die Fortsetzung der Sage im Präteritum geschrieben?		x
Sind die Satzanfänge abwechslungsreich und variiert die Wortwahl (Nomen, Verben)?		x

5 Individuelle Lösung

Teste dich! Sagen

Seite 29

1 3 Herakles schießt mit Pfeilen auf den Löwen, die an dessen Fell abprallen.　　　8 Punkte
1 Der König beauftragt Herakles, den gefährlichen nemeischen Löwen zu töten.
5 Herakles kämpft mit dem Schwert, das aber den Löwen nicht verletzen kann.
8 Herakles zieht dem Löwen mit dessen Krallen das Fell ab und benutzt es als Mantel.
2 Herakles sucht lange den Löwen und findet ihn schlafend unter einem Baum.
6 Herakles schlägt den Löwen mit der Faust bewusstlos.
4 Der Löwe wacht auf und springt Herakles an.
7 Herakles erwürgt den Löwen und bricht ihm das Genick.

2 übernatürliches Wesen = Z.17f. – realer Ort = Z.7f. – Kampf, Bewährung = Z. 21ff.　　　3 Punkte

Insgesamt zu erreichende Punktzahl:　　　11 Punkte

Lesetraining mit fabelhaften Texten

Seite 30 + 31

2 Betonungen (unterstrichen), Pausen, Markierungen der Stellen, an denen die Stimme zu heben (↗) oder zu senken (↘) ist:

Wilhelm Busch
Bewaffneter Friede

Ganz unverhofft, ‖ an einem Hügel, ‖

sind sich begegnet ‖ Fuchs und Igel. ‖

„Halt", rief der Fuchs, ‖ „du Bösewicht! ‖

Kennst du des Königs Ordre nicht? ‖

Ist nicht der Friede längst verkündigt,

und weißt du nicht, dass jeder sündigt,

der immer noch gerüstet geht?

Im Namen Seiner Majestät, ‖

geh her und übergib dein Fell!" ‖

Der Igel sprach: „Nur nicht so schnell! ‖

Lass dir erst deine Zähne brechen,

dann wollen wir uns weiter sprechen!" ‖

Und allsogleich macht er sich rund,

schließt einen dichten Stachelbund

und trotzt getrost der ganzen Welt, ‖

bewaffnet, ‖ doch als Friedensheld.

3 a Beispiele für Schlüsselwörter:
Schwein (Z.1) – mit seinem Namen beschimpften (Z.2f.) – belogen (Z.4) – betrogen (Z.5f.) – schmutzig (Z.7) – Schweinerei (Z.8) – trauriger und bedrückter (Z.10) – weinte (Z.13) – Esel (Z.14) – Anteilnahme (Z.14) – erzählte ... alles (Z.17f.) – hörte mitfühlend zu (Z.19) – „Schweinerei" (Z.20)
b Die Pointe (der überraschende Schluss) ist, dass auch der mitfühlende Esel das Wort „Schweinerei" benutzt.

5 Veränderungen im rechten Text: die kleine Schnecke (Überschrift) – Eine Maus überholte eine Schnecke (Z.1) – Die Maus spottete (Z.3) – erbärmlich kriechen (Z.5f.) – langsame Schnecke (Z.6f.) – um hin und her zu schleichen (Z.7f.) – zum nächsten Tannenbaum (Z.8f.) – gab die Schnecke zurück (Z.11) – von einer Ecke in die andere fliehen (Z.14f.) – der unendlich langsamen Schnecke (Z.17f.) – Wisse (Z.19) – gerne auf sich nimmt (Z.21)

6 A Der Maus wäre die Last des Schneckenhauses zu unbequem.
B Der größere Nutzen ist für die Schnecke der Schutz, den das Schneckenhaus bietet.

Mit Sachtexten umgehen

Seite 32

1 Vielleicht hast du schon davon gehört, dass auch Kinder, deren Eltern in einem Zirkus arbeiten, zur Schule gehen müssen und dass diese Schule ganz anders ist als deine Schule. Sicher kannst du dir vorstellen, dass diese fahrende Schule nur wenige Schüler hat, diese aber dennoch den gleichen Unterrichtsstoff bewältigen müssen wie andere Kinder auch.

3 Der Text handelt von dem Unterricht in der Zirkusschule.

4 Es handelt sich um einen Sachtext, da der Bericht sich mit realen Ereignissen beschäftigt und sachlich informieren will.

Stärken stärken: Sachtexte erschließen
Seite 33

1 Mögliche Schlüsselwörter: Zirkus (Z.1) – Unterricht (Z.3) – Hausschuhe (Z.15) – Lehrerin duzen (Z.16) – selbst ... bestimmen (Z.16) – „fahrenden Klassenzimmer" (Z.18) – Zirkusschule des Zirkus FlicFlac (Z.18f.) – Wohnwagen (Z.20) – fünf schulpflichtige Kinder (Z.22f.) – zwei 18-Jährige (Z.24) – Reisen (Z.28) – von 9 bis 14 Uhr Schule (Z.33) – nachmittags Training (Z.33f.) – staatlichen Schule (Z.36f.) – normalen Lehrplan (Z.37f.) – gleichen Schulbücher (Z.38) – Stundenplan für jeden Schüler extra (Z.42f.) – Zusammenhalt (Z.46) – Pause (Z.49)

2 Beispiellösungen:
Artist (Z.25): Zirkuskünstler
Diabolo (Z.34): Geschicklichkeitsspiel mit einer Art Kreisel
Mobbing (Z.47): das Schikanieren oder Quälen anderer Menschen, um sie seelisch zu verletzen

3 A In die Lücken gehören: 9 – 14 – Wohnwagen – sieben – 8 und 18 Jahre – Hausschuhe – duzen – den Stundenplan – können die Schüler kurz zum Wohnwagen ihrer Eltern laufen, um ihr Pausenbrot zu holen – sehr groß – die Schule so klein ist und alle Probleme gemeinsam gelöst werden
B In die Lücken gehören: an einer staatlichen Schule – Abschlussprüfungen – Schulbücher – Lehrpläne

4 1 Der etwas andere Englischunterricht
2 Mini-Schule auf vier Rädern
3 Viele Reisen, ständig andere Menschen
4 Normaler Lehrplan, aber eigene Stundenpläne
5 Kein Mobbing im fahrenden Klassenzimmer

5 (zu Abschnitt 1) Der Unterricht in der Zirkusschule ist nicht ganz so wie in anderen Schulen. Die Schülerinnen und Schüler entscheiden selbst, in welchem Fach sie unterrichtet werden wollen, sie tragen Hausschuhe und duzen die Lehrerin. Jüngere Schüler lernen Vokabeln, während die älteren Texte im Buch lesen.
(zu Abschnitt 2) Der Unterricht im Zirkus „FlicFlac" findet in einem Wohnwagen statt. Das fahrende Klassenzimmer zieht von Stadt zu Stadt und beherbergt im laufenden Schuljahr sieben Kinder verschiedener Altersstufen.
(zu Abschnitt 3) Der 15-jährige Nicolai ist begeistert vom Leben im Zirkus und geht gern in die Zirkusschule. Morgens hat er dort bis 14.00 Uhr Unterricht, am Nachmittag trainiert er für den Zirkus.
(zu Abschnitt 4) Lehrplan, Schulbücher und Abschlussprüfungen sind für die Zirkuskinder gleich wie an den staatlichen Schulen, nur ihr Stundenplan wird individuell zusammengestellt.
(zu Abschnitt 5) Ein großer Vorteil der Zirkusschule ist, dass es kein Mobbing gibt. Die Schulklingel wird durch lautes Rufen, z. B. vor dem Pausenbrot, ersetzt.

Stärken stärken: Text und Diagramm lesen und auswerten

Seite 34 + 35 + 36

1 Das Foto und die Überschrift legen nahe, dass der Text von mobilen Schulen in Afrika handelt. Nomadenkinder in Mali lernen in einem Schulprojekt. Das Diagramm zeigt, dass es in Mali viele Analphabeten gibt, die vielleicht durch das Schulprojekt unterrichtet werden sollen.

2 Individuelle Lösung

3 Nomaden sind Menschen, die nicht sesshaft sind, sondern umherziehen, um z. B. Weiden für ihre Herden oder neue Fischgründe zu finden.

4 Mali – Schule – Schulen – Kinder/Schüler/Schülerinnen und Schüler – Strecken – Unterricht – Nomaden – zurücklassen – bei der körperlich anstrengenden Arbeit helfen.

5 A Das Problem, dass in Mali sehr viele Menschen nicht lesen und schreiben können, versucht die Welthungerhilfe zu lösen, indem sie seit 2007 mobile Schulen einrichtet, die bei jedem Umzug mit den Nomaden mitwandern.
B Der große Erfolg der mobilen Schulen in Mali zeigt sich zum Beispiel daran, dass viele Nomadenkinder ganz begeistert schon um sieben Uhr morgens auf den Unterricht warten. Auch die Eltern sind von den Schulen der Welthungerhilfe überzeugt, weil die Kinder nun aufschreiben können, was verkauft wurde. Für den Erfolg der Schulen spricht auch, dass inzwischen 5 000 Nomadenkinder den Unterricht besuchen und andere Gemeinden an der Einrichtung mobiler Schulen interessiert sind.
C Am Unterricht nehmen weniger Jungen als Mädchen teil, weil sie bei der Viehhaltung oder der Fischerei gebraucht werden und diese Arbeit morgens erledigt werden muss. Die Welthungerhilfe versucht, den Eltern die Bedeutung von Bildung klarzumachen und sie durch die Gründung von Schulausschüssen stärker einzubeziehen.

6 Mögliche Antwort:
A In Mali ist die Zahl der Kinder, die eine Schule besuchen, sehr gering (Z. 10). Das Balkendiagramm bestätigt diese Aussage im Text, denn die Zahl der Analphabeten liegt bei 52 von 100 Einwohnern über 14 Jahren.
B Durch die Balken und deren unterschiedliche Länge wird die Größenordnung sehr anschaulich. Je länger der Balken ist, desto mehr von 100 Einwohnern über 14 Jahren sind Analphabeten.

7 Beispiele: Die Zahl der Analphabeten ist vor allem in afrikanischen und asiatischen Ländern sehr hoch. In den USA und Deutschland gibt es nur wenig Analphabeten. Indien bewegt sich mit 38 von 100 Einwohnern im Mittelfeld.

Stärken stärken: Das Layout untersuchen, einen eigenen Sachtext verfassen

Seite 37 + 38

2 a + b

A	Titel/Überschrift	soll Aufmerksamkeit erregen
B	Untertitel (Lead)	weckt Neugier, gibt einen Ausblick auf den Inhalt des Textes
C	Zwischenüberschrift	weist auf Inhalt des nächsten Absatzes hin
D	Foto	macht den Text anschaulicher
E	Diagramm	veranschaulicht Fakten und Zahlen
F	Bildunterschrift	gibt Informationen zum Foto
G	Quellenangabe	gibt an, wo der Text erschienen ist

3
4
5 Hier findest du ein Beispiel für einen Sachtext zum Thema:

Titel: Mit Freude lernen   **Untertitel:** Schule mal ganz anders betrachtet

6
7 **Einleitung:** Wer kennt diese Gedanken nicht: „Die Schule ist das Schlimmste!" Was vielen europäischen Schülerinnen und Schülern so leicht über die Lippen kommt, ist in Mali unvorstellbar. Auf ihrer Homepage veröffentlichte die Welthungerhilfe die Reportage „Endlich eingeschult. Erfolgsgeschichte der mobilen Schulen in Mali".

Text (Hauptteil): Der Beitrag beschreibt, was für uns selbstverständlich scheint: 5 000 Nomadenkinder bekommen die Möglichkeit, zur Schule zu gehen, und erhalten damit verbesserte Chancen auf Teilhabe am gesellschaftlichen Leben. Nomadenvölker sind immer unterwegs – und so sind es auch die Schulen. Vor jeder Weiterreise werden die mobilen Schulen abgebaut, um am nächsten Ort wieder aufgebaut zu werden. Auch die Lehrer wandern mit. Nur so gelingt das Zusammenwirken von Schule und Nomadenkindern. Schließlich möchten die Eltern ihre Kinder nicht für den Schulbesuch in weit entfernten Städten zurücklassen. Darüber hinaus werden die Kinder auch als zusätzliche Arbeitskräfte benötigt. Den Kindern gefällt dieses Leben. Sie wecken am Morgen sogar die Lehrer, damit der Unterricht möglichst früh beginnt.

Schluss: Das Konzept der mobilen Schulen ist sehr erfolgreich. Die Zahl der Anträge und Anfragen von Gemeinden für weitere mobile Schulen ist so groß, dass die Welthungerhilfe dem Ansturm gar nicht nachkommen kann. Es ist daher noch ein langer Weg, auf dem die Erwachsenen Malis für den Wert der Schulbildung weiter sensibilisiert werden müssen, damit noch mehr Kinder zur Schule gehen können und die enorm hohe Analphabetenrate Malis Schritt für Schritt sinkt.

Teste dich! Sachtexte

Seite 39

1 Richtig sind: Der Text informiert.
Der Text ist sachlich.
Der Text enthält keine Wertung oder eigene Meinung.   3 Punkte

2 Mali ist ein Staat in Westafrika.
Mali ist eines der ärmsten Länder der Welt.
Jeder Zweite der über 14-Jährigen ist Analphabet.
Die durchschnittliche Lebenserwartung liegt bei 49 Jahren.   4 Punkte

3 Mali ist ein in Westafrika gelegener Staat und grenzt im Nordwesten an Mauretanien, im Norden an Algerien,   1 Punkt
im Osten an Niger, im Südosten an Burkina Faso, im Süden an die Elfenbeinküste und Guinea und im Westen an
Senegal.

4 Es gehört zu den ärmsten Ländern in Afrika. (der Welt.)   3 Punkte
Jeder Dritte, der älter ist als 14, ist Analphabet. (Zweite)
Jeder dritte Bewohner ist unterernährt und an sauberes Trinkwasser kommt nur jeder Dritte.
(Jedes dritte Kind unter 5 Jahren)

Insgesamt zu erreichende Punktzahl: 11 Punkte

Was kannst du schon? – Grammatik

Seite 40 + 41

1   9 Punkte

	über	Paris	hoch	Turm	erbaut	Eisen	dieser	der	auf
Nomen		X		X		X			
Verb					X				
Adjektiv			X						
Artikel								X	
Pronomen							X		
Präposition	X								X

2   10 Punkte

Man kann ...	Nomen	Verben	Adjektive	Präpositionen	Konjunktionen
... in Singular/Plural setzen:	X	X	X		
... konjugieren:		X			
... steigern:			X		
... in die vier Fälle setzen:	X		X		
... deklinieren:	X		X		
... durch Pronomen ersetzen:	X				

3 Gustave Eiffel erbaute in den Jahren 1887 bis 1889 seinen berühmten Turm. Er entwarf ihn als Eingangsportal   5 Punkte
und Aussichtsturm für die Weltausstellung in Paris. Mit seinen 324 Metern war der Eisenfachwerkturm bis zur
Fertigstellung des Chrysler Building 1930 in New York City das höchste Bauwerk der Welt. Heute zählt der Eiffel-
turm zweifelsohne zu den berühmtesten Bauwerken. Wohl jeder kennt ihn.

4 Richtig sind die Aussagen: D, F und H. – Falsch sind: A, B, C, E und G.   8 Punkte

5 a + b   6 Punkte
    A Der Eiffelturm sollte nach zwanzig Jahren abgerissen werden. –
      Sollte der Eiffelturm nach zwanzig Jahren abgerissen werden?
    B Das ist wirklich wahr! – Ist das wirklich wahr?
    C Dieser Turm ist hässlich./! – Ist dieser Turm hässlich?

Wörter und Wortarten – Auf den Spuren Gullivers

Nomen

Seite 42

1 a **Nomen sind:** Reisen, Werk, Schriftstellers, Buch, Reisen, Teil, Abenteuer, Arzt, Schiff, Sturm, Überlebender, Unglücks, Insel
b **Zu ergänzende Nomenendungen sind:** an den Beinen, Armen und Haaren mit Schnüren; kleine Winzlinge

2 **Maskulinum:** der Arm, der Körper, der Winzling
Neutrum: das Bein, das Haar
Femininum: die Bewusstlosigkeit, die Schnur, die Erde

3 Im Singular und Plural gleich geschrieben werden: das/die Abenteuer, der/die Körper, die Erde (hier gibt es keinen Plural)
●●●

Adjektive

Seite 43

1 **Positiv:** neugierige, gefährlichen, spitzen, wahren, scheibenförmige
Komparativ: breiteren, bequemeren
Superlativ: seltsamsten, größten, am merkwürdigsten

2

Positiv	Komparativ	Superlativ
neugierig	neugieriger	am neugierigsten
gefährlich	gefährlicher	am gefährlichsten
breit	breiter	am breitesten
spitz	spitzer	am spitzesten
groß	größer	am größten
bequem	bequemer	am bequemsten
seltsam	seltsamer	am seltsamsten
merkwürdig	merkwürdiger	am merkwürdigsten

3 Nicht steigerbar sind: wahr, scheibenförmig.
●●●

Pronomen

Seite 44

1 a Passende Personalpronomen sind: ihn – es – er – ihn – Sie – ihn
b Possessivpronomen sind: seiner Rückkehr, sein Schiff, ihren großen Sensen

2 Diese – Dieser – Diese

3 A Gulliver wird von einem Hofzwerg in eine Schüssel geworfen, welche mit Sahne gefüllt ist.
B Gulliver, der sich schwimmend an der Oberfläche halten kann, befreit sich jedoch.
C Gulliver kämpft gegen riesige Wespen, die vom süßen Kuchenduft angelockt wurden.

Stärken stärken: Pronomen

Seite 45

○○○ 1 Personalpronomen: er, ihn (Z.1); ihr (Z.3); ihn (Z.4); er (Z.5)
Possessivpronomen: seines (Z.1); seiner (Z.2); seinen, seinen (Z.5)
Demonstrativpronomen: Dieser (Z.3), jenes (Z.4)
Relativpronomen: die (Z.5)

○○○ 2 Am Ende seines Aufenthaltes in Brobdingnag wird Gulliver an die Küste gebracht.
Den Matrosen, die seinen Worten ungläubig lauschen, berichtet Gulliver von seinen Abenteuern im Land der Riesen.
1. Relativsatz: Im selben Augenblick taucht ein Adler auf, der die Schachtel ergreift und mit ihr davonfliegt.
2. Relativsatz: Die Besatzung eines Schiffes, welche auf jenes schwimmende Objekt aufmerksam wird, rettet ihn schließlich.

○○○ 3 Mögliche Lösung: Die Segel, die durch den schrecklichen Sturm zerfetzt wurden, flattern im Wind. Die gefährliche Schräglage ihres Schiffes versetzt die Matrosen in Furcht und Schrecken. Sie schöpfen kräftig Wasser. Aber wird das gegen diese turmhohen Wellen helfen?

Präpositionen

Seite 46

1 a Auf seiner dritten Reise wird Gullivers Schiff <u>von</u> Piraten überfallen, die ihn <u>in</u> einem Boot <u>mit</u> Proviant <u>auf</u> offener See aussetzen. Nach längerer Irrfahrt erreicht er schließlich Land. Da bemerkt er, dass die Sonne seltsam verdunkelt ist. Der Grund ist eine in der Luft schwebende Insel. <u>Durch</u> lautes Rufen macht er die Bewohner der fliegenden Insel <u>auf</u> sich aufmerksam. <u>Mit</u> einer Kette wird er <u>auf</u> die fliegende Insel gezogen.

b <u>Auf</u> ihr trifft Gulliver <u>auf</u> seltsame Wesen, die alle den Kopf <u>zu</u> der einen oder der anderen Seite neigen und <u>mit</u> einem Auge <u>nach</u> innen, mit dem anderen nach oben blicken. Gulliver wird <u>zum</u> König der Insel geführt.

●●● c **Passende Präpositionen:** in – durch – auf – über – auf – nach – auf.

Stärken stärken: Präpositionen

Seite 47

●○○ **1** **Richtige Präpositionen/Kasus sind:** <u>in</u> die balnibarbische Hauptstadt Lagado (Akk) – <u>vor</u> vierzig Jahren (Dat) –
●●○ **2** <u>nach</u> Laputa (Dat) – <u>nach</u> ihrer Rückkehr (Gen) – <u>in</u> einer neu gegründeten Akademie (Dat) – <u>unter</u> den Professoren (Dat)
weitere Präpositionen: <u>nach</u> Balnibarbi – <u>auf</u> eine neue Grundlage stellen – <u>aus</u> Gurken gewinnen

●●● **3** In der Akademie (D) – auf Wissenschaftler (A) – an einem Sprachprojekt (D) – aus dem Sprachgebrauch (D) – mit/bei sich herumtragen (D) – bei Bedarf (D) – Auf diese Weise (G)

Teste dich! Wortarten: Nomen, Pronomen, Präpositionen

Seite 48

1 Fantastische Reiseabenteuer (Nom, n) faszinierten die Leser (Akk, m) schon immer. In der Antike begeisterten die 16 Punkte
Fahrten (Nom, f) des Odysseus (Gen, m) die Menschen (Akk, m). Auf seiner Irrfahrt begegnete er so fantastischen
Wesen (Dat, n) wie dem einäugigen Riesen Polyphem oder der Hexe Kirke (Dat, f), die Teile seiner Mannschaft in
Schweine (Akk, n) verwandelte. Auch Seeungeheuer (Nom, n) fehlten in dieser Geschichte nicht.

2 a + b seinem (Poss) – er (P) – der (R) – seinen (Poss) – Diese (D) – sie (P) – die/welche (R)   14 Punkte
c einem – ihrer – weiteren – des Ausbruchs – des Vulkans   5 Punkte

Insgesamt zu erreichende Punktzahl: 35 Punkte

Das Verb

Seite 49

1

	Singular	Plural
1. Pers.	ich gehe	wir gehen
2. Pers.	du gehst	ihr geht
3. Pers.	er, sie, es geht	sie gehen

	Singular	Plural
1. Pers.	ich brate	wir braten
2. Pers.	du brätst	ihr bratet
3. Pers.	er, sie, es brät	sie braten

2 a

Infinitiv	Partizip I	Partizip II
lachen	lachend	gelacht
trödeln	trödelnd	getrödelt
lieben	liebend	geliebt

b gekochter Schinken, geröstete Erdnüsse, geriebener Käse: Es muss jeweils das Partizip II gebildet werden.

Zeitformen des Verbs

Seite 50 + 51

1 Präsens: mit Punktlinie unterstrichen, Präteritum: einfach unterstrichen, Perfekt: **fett unterstrichen**
lag – löste – war – hörte – sprach – <u>kannst</u> – sagte – **habe ... gesagt** – <u>sollst</u> – richtete sich ... auf – suchte ... ab –
befand – konnte – sagte – <u>ist</u> – <u>kann</u> – <u>kann</u> – <u>spricht</u> – <u>muss</u> – <u>mag</u> – <u>ist</u> – <u>Mach ... zu</u> – schrie – <u>schnüffele</u> –
<u>ist</u> – war – schrie ... zurück – <u>Halt</u> – <u>schnüffele</u> – <u>bist</u> – wusste – sollte – rief – <u>bist</u> – <u>Komm hervor</u> – <u>kann</u> –
habe ... gesagt – <u>sollst</u> – antwortete – schwieg – sprach – **habe ... gesagt** – <u>sollst</u> – ertönte – ließ –
schaute ... hinauf – sah – bewegte

2 Präteritum: einfach unterstrichen, Plusquamperfekt: <u>doppelt unterstrichen</u>
<u>hatte ... gehabt</u> – <u>hatte ... versäumt</u> – <u>hatte ... vorgeschlagen</u> – <u>nachholte</u> – <u>hatte ... zugestimmt</u> – <u>kam ... unter</u> – <u>mochte</u> – <u>langweilte</u> – <u>hatten</u> – <u>war</u> – <u>erwies</u> – <u>sammelte</u> – <u>rettete</u> – <u>trug</u> – <u>liebte</u> – <u>ging ... um</u> – <u>angekommen war</u> – <u>eilte ... hinunter</u> – <u>war</u> – <u>geöffnet hatte</u> – <u>blieb ... stehen</u> – <u>stand</u>

3 a fühlen ... wohl – langweilt sich – wandern – stelle ... vor – magst
   b A Lucy und Jack <u>werden</u> sich bei Mr. Roy sicher schnell <u>wohlfühlen / wohl fühlen</u>.
      B Lucy <u>wird</u> sich im Unterricht sicherlich <u>langweilen</u>.
      C Nach dem Unterricht <u>werden</u> wir drei zu den Gipfeln der verschiedenen Berge <u>wandern</u>.
      D Nach den Ferien <u>werde</u> ich meiner Mutter meine zwei neuen Freunde <u>vorstellen</u>.
      E Ach Mama, du <u>wirst</u> die beiden sicherlich auch <u>mögen</u>!

Stärken stärken: Zeitformen des Verbs
Seite 52

1 Präsens: kannst (können), sollst (sollen) – Perfekt: habe gesagt (sagen) –
Präteritum: lag (liegen), löste (lösen), war (sein), hörte (hören), sprach (sprechen), sagte (sagen), richtete sich ... auf (aufrichten)

2 hatte ... gesehen – hatte ... erzählt – erholt hatte – lächelte ... an – fragte – war ... gekommen – hatte ... versäumt –
gegeben hatte – lebten – gestorben waren – war – hatte ... gelernt – berichtete – entdeckt hatte – mochte

3 Mögliche Lösungen
   F Lucy und Jack werden sich sicherlich auch gut mit meinen Freunden zu Hause verstehen, wenn sie mich besuchen kommen.
   G Wir drei werden gemeinsam viel Spannendes erleben.
   H Hoffentlich wird Kiki keine unfreundlichen Bemerkungen machen, wenn meine Mutter die drei kennen lernt.
   I Ich werde Kiki mit Lucys Hilfe ein Lied beibringen!

Teste dich! Zeitformen des Verbs
Seite 53

1 A Ich hatte ein Buch gelesen. – B Mit meinem Freund bin ich ins Kino gegangen.   2 Punkte

2 ihr hattet gelacht: 2. Person Pl. Plusquamperfekt (lachen)   10 Punkte
sie haben geworfen: 3. Person Pl. Perfekt (werfen)
ich wünschte: 1. Person Sg. Präteritum (wünschen)
wir sind gekommen: 1. Person Pl. Perfekt (kommen)
sie wird denken: 3. Person Sg. Futur I (denken)

3   25 Punkte

	Plusquamperfekt	Präteritum	Perfekt	Präsens	Futur I
ich	war gewesen	war	bin gewesen	bin	werde sein
du	warst gewesen	warst	bist gewesen	bist	wirst sein
er/sie/es	war gewesen	war	ist gewesen	ist	wird sein
wir	waren gewesen	waren	sind gewesen	sind	werden sein
ihr	wart gewesen	wart	seid gewesen	seid	werdet sein
sie	waren gewesen	waren	sind gewesen	sind	werden sein

Insgesamt zu erreichende Punktzahl   37 Punkte

Wortfelder
Seite 54

1 Wortfeld schmutzig: fettig, dreckig, staubig, matschig, fleckig
Wortfeld Gewässer: die Pfütze, das Meer, der Ozean, der Teich, der Tümpel, der See, der Fluss
Wortfeld essen: verzehren, schmatzen, kauen, beißen, schlucken
Wortfeld verärgert: erbost, zornig, wütend, aufgebracht, sauer
Wortfeld langsam gehen: spazieren, schleichen, trödeln, schlendern, bummeln

2 **Langweilige / nicht geeignete Ausdrücke (diese solltest du durchgestrichen haben):** ist es sehr warm – bin ich – bin –
bin so ziemlich der Mutigste – bin auf dem – ehrlich bin – sind ganz schön wacklig – ist tief – Was ist los? – ist

3 Beispiellösungen: Wortfeld langsam: bedächtig, gemächlich, lahm, schwerfällig, schleppend, träge
Wortfeld leuchten: blenden, erhellen, funkeln, glitzern, schimmern, strahlen
Wortfeld die Hose: die Bermudashorts, die Boxershorts, die Jeans, die Leggins, die Trainingshose

Wortfamilien

Seite 55

1 a Baumeister – bauen ... auf – erbauen – verbaubare – Holzgebäude – erbauliches – Bauwerk – Baustelle – gebaut – umgebaut – Bebauung – Biberbau

b **Nomen im Nominativ Singular:** der Baumeister, das Holzgebäude, das Bauwerk, die Baustelle, die Bebauung, der Biberbau
Adjektive: verbaubar, erbaulich
Verben (im Infinitiv): aufbauen, erbauen, bauen, umbauen

2 **Nomen:** der Spieler, das Spielzeug, die Spieluhr, der Spielmann, das Glücksspiel, das Brettspiel, das Gesellschaftsspiel, das Fußballspiel, das Heimspiel, das Rückspiel
Adjektive/Partizipien: spielbar, spielend, spielerisch, verspielt
Verben: abspielen, losspielen, verspielen, anspielen, zuspielen, vorspielen

3 a A die Verlängerung, die Langeweile, langsam – B bissig, abbeißen, das Gebiss – C verschlafen, schläfrig, der Schlafwandler
b Übrig bleibt: schlaff
c D (Beispiellösung) erschlaffen, erschlafft, die Erschlaffung, die Schlaffheit

Wortbildung

Seite 56

1 begründete – Herstellung – Erfindung – farbige – erfundenen – haltbar – bedeutsame – Änderung – zerbrachen

2 a + b Das Grundwort ist jeweils unterstrichen: die Bücher + das Regal: das Bücherregal – der Hund + die Hütte: die Hundehütte – das Porzellan + der Teller: der Porzellanteller – das Fahrrad + der Weg: der Fahrradweg – die Schule + die Tasche: die Schultasche – die Treppe + das Geländer: das Treppengeländer – das Bild + der Rahmen: der Bilderrahmen – der Park + die Bank: die Parkbank

Satzglieder – Feldermodell und Umstellprobe

Seite 57

1 1 Die Menschheit | hat | in den letzten Jahrzehnten | viele Geheimnisse | erforscht. – 2 Sie | hat | die Erde | bis in die entlegensten Winkel | vermessen. – 3 Mit U-Booten | gelangte | sie | in die Tiefen des Ozeans. – 4 Mit Satelliten und Sonden | erkundete | sie | die unendlichen Weiten des Weltraums. – 5 In riesigen Laboren | drang | sie | in den Kern der Atome | vor. – 6 Geheimnisumwobene Orte voller Rätsel | gibt | es | aber | noch immer. – 7 Viele | gehören | ins Reich der Legenden. – 8 Manche dieser Orte | gibt | es | wirklich. – 9 Sie | sind | deswegen | nicht weniger geheimnisvoll.

2 a + b

Vorfeld	linke Satzklammer	Mittelfeld	rechte Satzklammer	Nachfeld
Die Menschheit	hat	in den letzten Jahrzehnten viele Geheimnisse	erforscht	–
Viele Geheimnisse	hat	die Menschheit in den letzten Jahrzehnten	erforscht	–
In den letzten Jahrzehnten	hat	die Menschheit viele Geheimnisse	erforscht	–
Sie	hat	die Erde bis in die entlegensten Winkel	vermessen	–
Bis in die entlegensten Winkel	hat	sie die Erde	vermessen	–
Die Erde	hat	sie bis in die entlegensten Winkel	vermessen	–
In riesigen Laboren	drang	sie in den Kern der Atome	vor	–
Sie	drang	in riesigen Laboren in den Kern der Atome	vor	–
In den Kern der Atome	drang	sie in riesigen Laboren	vor	–

3 Mögliche Lösung:
Die Menschheit hat in den letzten Jahrzehnten viele Geheimnisse erforscht. Bis in die entlegensten Winkel hat sie die Erde vermessen. Sie gelangte mit U-Booten in die Tiefen des Ozeans. Die unendlichen Weiten des Weltraums erkundete sie mit Satelliten und Sonden. In den Kern der Atome drang sie in riesigen Laboren vor. Aber es gibt noch immer viele geheimnisumwobene Orte voller Rätsel. Viele gehören ins Reich der Legenden. Es gibt manche dieser Orte wirklich. Deswegen sind sie nicht weniger geheimnisvoll.

Satzglieder bestimmen – Das Prädikat als Satzkern

Seite 58

1 **einteilige Prädikate:** rankt sich, war, erwähnte, war
zweiteilige Prädikate: habe erobert, sei untergegangen

2 Atlantis in nur einer Nacht zerstört. – Atlantis wurde in nur einer Nacht zerstört. Atlantis ist in nur einer Nacht zerstört worden.
Gesamte Insel im Meer versunken. – Die gesamte Insel versank im Meer. Die gesamte Insel ist/war im Meer versunken.
Untergang nicht mehr aufzuhalten. – Der Untergang ist/war nicht mehr aufzuhalten.
Sturmflut: Menschen auf der Flucht. – Die Menschen sind/waren wegen der Sturmflut auf der Flucht.

3 Individuelle Lösung

Satzglieder erfragen – Das Subjekt

Seite 59

1 a + b + c Das Subjekt ist jeweils unterstrichen, das **Prädikat** fett hervorgehoben:
Schon unzählige Autoren und Filmemacher | **haben sich** | des geheimnisvollen Atlantis | **angenommen.** Auch ein Disney-Film aus dem Jahr 2001 | **behandelt** | diesen faszinierenden Abenteuerstoff. In ihm | **begeben sich** | der junge Wissenschaftler Milo Thatch und sein Team seltsamer Experten | auf die Suche nach der versunkenen Stadt. Der erste Kontakt ihres hochmodernen U-Boots Ulysses mit der Welt von Atlantis | **zeigt** | bereits | die große Gefahr: Es | **wird** | von einem mächtigen Meeresungeheuer | **angegriffen und zerstört.** Nach langer Suche voller Abenteuer | **gelangen** | sie | schließlich | nach Atlantis. Aber erst hier | **sollte** | ihr Abenteuer | richtig | **beginnen.**

2 a + b Es | **wird angegriffen und zerstört.** | Sie | **gelangen.** Ihr Abenteuer | **sollte beginnen.**

Satzglieder erfragen – Die Objekte

Seite 60

1 a + b Das Subjekt ist jeweils unterstrichen, das **Prädikat** fett hervorgehoben.
A Terra Australis incognita | **bezeichnet** | einen bereits in der Antike vermuteten Südkontinent.
B Dieser Kontinent | **sollte** | den Landmassen auf der Nordhalbkugel | als natürliches Gegengewicht | **dienen.**
C Man | **vermutete** | dort | eine reiche Zivilisation.
D Der Entdeckung dieses sagenhaften Kontinents | **galt** | die Aufmerksamkeit vieler berühmter Seefahrer.
E Niemand | **war** | sich | der Unmöglichkeit dieses Vorhabens | **bewusst.**
c A einen bereits in der Antike vermuteten Südkontinent = Akkusativobjekt
B den Landmassen auf der Nordhalbkugel = Dativobjekt
C eine reiche Zivilisation = Akkusativobjekt
D Der Entdeckung dieses sagenhaften Kontinents = Dativobjekt
E der Unmöglichkeit dieses Vorhabens = Genitivobjekt

2 Die englische Royal Society beauftragte den englischen Seefahrer James Cook (AO) mit der Suche nach dem Südland.
1772 erforschte Cook die Südhalbkugel (AO). Die Existenz eines Kontinents (AO) konnte er nicht beweisen. Erst Ende des 19. Jahrhunderts entdeckte man in der Südpolarregion ein Land mit kontinentalen Ausmaßen (AO): die Antarktis!
Dem sagenhaften Südkontinent (DO) ähnelte diese unwirtliche Region jedoch nicht.

Genaue Angaben machen – Adverbiale Bestimmungen

Seite 61

1 a + b Das Geheimnis der Osterinsel

Seit ihrer Entdeckung wirft diese Insel unzählige Fragen auf. Monumental ragen dort rätselhafte Steinriesen in den stürmischen Himmel hinein.	Zeit: Seit wann? Art/Weise: Wie?	Ort: Wo?
	Ort: Wohin?	
Stumm erzählen diese Zeugen seither von einer unbekannten Vergangenheit. Wer hat diese Figuren auf der baumlosen Insel gemeißelt? Welche	Art/Weise: Wie?	Zeit: Seit wann?
	Ort: Wo?	
Bedeutung hatten sie? Der englische Entdecker James Cook kam 1774 während seiner Südseeexpedition auf die Insel. Schon damals lagen die meisten Statuen umgeworfen am Boden. Was war passiert?	Zeit: Wann? Ort: Wohin? Art/Weise: Wie?	Zeit: Wann? Zeit: Wann? Ort: Wo?

2 Dieser Satz enthält keine adverbiale Bestimmung:	der Zeit	des Ortes	des Grundes	der Art/Weise
Der Niederländer Jakob Roggeveen betrat als erster Europäer die unbekannte Insel.	x	x	x	
Er landete dort mit seinen drei Schiffen am Ostersonntag 1722.		x		

Stärken stärken: Adverbiale Bestimmungen

Seite 62

1 Richtige Reihenfolge der Wörter im Lückentext:
Geheimnisvoll – auf der unbewohnten Insel – Vermutlich – zwischen dem 4. und 12. Jahrhundert – im Dunkeln – Möglicherweise – Infolge mächtiger Flutwellen

2 siehe Aufgabe 1

adverbiale Bestimmung des Ortes	adverbiale Bestimmung der Zeit	adverbiale Bestimmung des Grundes	adverbiale Bestimmung der Art und Weise
auf der unbewohnten Insel im Dunklen	zwischen dem 4. und 12. Jahrhundert	infolge mächtiger Flutwellen	geheimnisvoll, vermutlich, möglicherweise

3 a Es gab 1000 dieser kolossaler Steinstatuen.
b Die Steinfiguren wurden vor Jahrhunderten aus bislang ungeklärten Gründen von Polynesiern auf den Inseln aufgestellt.

Stärken stärken: Satzglieder erkennen und bestimmen

Seite 63

1 a **Prädikate sind:** A wurde erbaut B liegt C umfasste
b B Wo liegt sie? → auf einem Bergrücken in den Anden = adverbiale Bestimmung des Ortes
  C Wen oder was umfasste die terrassenförmige Stadt? → 216 steinerne Bauten = Akkusativobjekt

2

Vorfeld	linke Satzklammer	Mittelfeld	rechte Satzklammer	Nachfeld
In ihrer Blütezeit	beherbergte	Machu Picchu bis zu 1000 Menschen	–	–
Wahrscheinlich	wurde	die Stadt infolge der spanischen Eroberung des Inkareichs	aufgegeben	–
Danach	geriet	sie 400 Jahre in Vergessenheit	–	–

Machu Picchu: Subjekt
wahrscheinlich: adverbiale Bestimmung der Art und Weise
in Vergessenheit: Akkusativobjekt

3 a + b A im 15. Jahrhundert: Wann? adverbiale Bestimmung der Zeit
  B auf einem Bergrücken, in den Anden: Wo? adverbiale Bestimmung des Ortes
  D in ihrer Blütezeit: Wann? adverbiale Bestimmung der Zeit
  E wahrscheinlich: Wie? adverbiale Bestimmung der Art und Weise + infolge der spanischen Eroberung des Inkareichs: Warum? adverbiale Bestimmung des Grundes
  F danach, + 400 Jahre: Wann? adverbiale Bestimmungen der Zeit

Teste dich! Satzglieder

Seite 64

1 Die Steinkreise von Stonehenge | entzündeten | die Fantasie der Menschen | schon immer. = 4 Satzglieder.   1 Punkt

2 a stellte ... dar – war ... umstritten – sind ... geklärt – sind ... ausgerichtet   4 Punkte
b Richtig sind: A und C, falsch ist: B   3 Punkte

3 Viele Geheimnisse birgt das Bauwerk aus der Jungsteinzeit.   1 Punkt

Insgesamt zu erreichende Punktzahl: 9 Punkte

Satzarten

Seite 65

1 a Das Gespräch handelt vom sagenumwobenenen Ungeheuer von Loch Ness, genannt „Nessie".

b + c Mögliche sinnvolle Reihenfolge der Sätze:
1 Seit wann existiert diese Legende denn schon?
2 Nun, die erste Erwähnung stammt aus dem Jahr 565.
3 Gibt es noch andere Berichte?
4 Eine alte Chronik besagt, dass ein riesiges Tier aus dem See stieg und drei Männer erschlug.
5 Das muss ja weltweit eine riesige Aufregung verursacht haben!
6 Nein, richtig berühmt wurde das Wesen erst 1933, als erstmals Zeitungen ... berichteten.
7 Erzähle weiter!
8 Dies löste dann eine Mediensensation aus, und Londoner Zeitungen entsendeten Reporter nach Schottland.
9 Unglaublich!

2 **Mögliche Lösung**

„Seit wann existiert diese Legende denn schon?", fragte Max. „Nun," entgegnete Mia, „die erste Erwähnung stammt aus dem Jahr 565." „Gibt es noch andere Berichte?", wollte Max nun wissen. Darauf führte Mia aus: „Eine alte Chronik besagt, dass ein riesiges Tier aus dem See stieg und drei Männer erschlug." „Das muss ja weltweit eine riesige Aufregung verursacht haben!", warf Max ein. „Nein," entgegnete Mia, „richtig berühmt wurde das Wesen erst 1933, als erstmals Zeitungen von der Sichtung des Monsters berichteten." „Erzähle weiter!" „Dies löste dann eine Mediensensation aus, und Londoner Zeitungen entsendeten Reporter nach Schottland", beendete Mia ihre Erklärungen. „Unglaublich!", entfuhr es Max.

Die Satzreihe

Seite 66

1 a + b

Die **Personalformen der Verben** sind fett gedruckt, die Konjunktionen unterstrichen.
Im Herbst 1933 **beschrieb** ein Einheimischer das Ungeheuer, | denn er **hatte** es ... beobachtet.
Der Chirurg R. K. Wilson **veröffentlichte** 1934 eine Fotografie von Nessie | und er **zog** damit erneut ...
1972 **veröffentlichte** der Amerikaner R. R. einige Unterwasserfotos, | er **wollte** auf ihnen die Flosse Nessies erkennen.
2007 **weckte** ein Video des Ungeheuers von Loch Ness großes Interesse, | denn es **ist** ein ... zu erkennen.
2009 **wollte** ein Nessie-Forscher das Wesen auf Google Earth entdeckt haben, | doch es **entpuppte** sich schließlich nur als Schatten eines kleinen Bootes.

2 A Das Ungeheuer von Loch Ness soll ein Urwesen sein, es soll in einem See in Schottland leben.
Das Ungeheuer von Loch Ness soll ein Urwesen sein und es soll in einem See in Schottland leben.

B Normalerweise wird Nessie als Seeschlange bezeichnet, sie soll eine Länge von 20 m haben.
Normalerweise wird Nessie als Seeschlange bezeichnet und sie soll eine Länge von 20 m haben.

C Nessie ist nicht das einzige sagenumwobene Tier, es gibt noch die Legenden von Bigfoot und dem Yeti.
Nessie ist nicht das einzige sagenumwobene Tier, denn es gibt noch die Legenden von Bigfoot und dem Yeti.

Das Satzgefüge

Seite 67

1 Manche Nessie-„Experten" vermuten einen ausgestorbenen Plesiosaurus im See, da/weil viele Beobachter von einem Wesen ähnlichen Aussehens berichten.
Wissenschaftler halten diese Idee für sehr unwahrscheinlich, da/weil zum Überleben eine große Kolonie solcher Tiere existieren müsste.
Ein Plesiosaurus müsste auch viel öfter an die Oberfläche kommen, damit er sich in regelmäßigen Abständen mit Luft versorgen kann.

Nebensätze: „das" oder „dass"?

Seite 68

1 des schottischen Dörfchens Kilmore, das – wusste, dass – Fenster stürmte, das – Das – ein Wort ausrief, das – war klar, dass – Das – Das Ungeheuer, das – ein geschwungenes Etwas, das – zum Ufer, das – Viele hofften, dass das – das Wesen, das – sahen wohl die meisten ein, dass – seinen Teil dazu beigetragen hatte, dass

Teste dich! Satzarten

Seite 69

1 A Kennst du die Legende von Bigfoot? → Fragesatz 2 Punkte
  B Dies ist der Name eines Wesens in Nordamerika. → Aussagesatz

2 Hs + Ns 1 Punkt

3 A Satzgefüge − B Satzreihe 2 Punkte

4 A Immer wieder tauchen „Bilder" von Bigfoot auf, weil sich Menschen mit Kostümen verkleiden. 3 Punkte
  B Obwohl viele Menschen ihn suchen, glaubt niemand an Bigfoot.

Insgesamt zu erreichende Punktzahl: 8 Punkte

Was kannst du schon? – Rechtschreibstrategien

Seite 70 + 71

1 Aussagen 1, 3, 4, 5, 6, 8, 9 und 11 sind richtig. Aussagen 2, 7 und 10 sind falsch.

2 a + b

Nicki, Stiller, neue, entworfen, erstes, schnelles, besser, gebaut, Schwein, eigenartige, Nasenlöcher, inneren, große, heiße, Luftblase, aufsteigen, Düse, Ende, ausgestoßen, wodurch	der Flug | zeug | konstrukteur, die Flug | zeug | modelle, das Jagd | flug | zeug, die Antriebs | art, das Flug | schwein, die Antriebs | kraft	erfand – erfanden, Modell – die Modelle, wird – werden, eingesaugt – einsaugen, lässt – lassen, entsteht – entstehen

3

	Strategie	hilft bei ...	Beispiel: *falsch* – richtig
	Schwingen	fehlenden und vertauschten Buchstaben im Wort	das Ber**k** | wer**g** – denn: die Ber**g**e, die Wer**k**e
	Verlängern	– Einsilbern und am Wortende – *b, d, g* und doppelten Konsonanten am Wortende	(wir) l**eu**ten – denn: (er ist) l**au**t
	Zerlegen	zusammengesetzten Wörtern	die Bu**h**staben – denn: die Bu**ch**staben
	Ableiten	Verwechslung von *e/ä* und *eu/äu*	der Ber**k** – denn: die Ber**g**e

4

	angebra**ch**t, Libellenflügel		erfan**d**, ka**nn**, reizvo**ll**, angele**g**t, Bewegun**g**
	Hu**b**schrauber, Rundbli**ck**, bewe**g**liche, Flugzeu**g**		nächstes, unregelmäßigen

5 a Verlängern

Rechtschreibstrategien anwenden

Strategie Schwingen – Aus Silben Wörter basteln

Seite 72

1 a Eu len – Zi tro nen – Mei sen – But ter – U fer – Hau ben – Au to – Was ser – Mo fa
  Fe der – Fal ter – Knö del – Blu men – Schwal ben – Tau cher – Re kla me – Me lo nen – Re pa ra tur
  Spit ze – Far be – Ker ne – Nes ter – Ei er – Pflan ze – Pla ka te – Ker ne – Kos ten

  b z. B.: ... Zitronenfalterfarbe, Meisenknödelkerne, Butterblumenpflanze, Uferschwalbennester, Haubentauchereier, Autoreklameplakate, Mofareparaturkosten ...

2 Wintermantelknöpfe, Bananenschalen, Wunderkerzenfunken, Katzenkratzbäume

3 z. B.: Zitronenfalterfarbe = Farbe eines Zitronenfalters, Mofareparaturkosten = Kosten der Reparatur eines Mofas, Wintermantelknöpfe = Knöpfe für den Wintermantel

Seite 73

1 a + b z. B.: **le**ben, das **Le**der, der **De**gen, so**gar**, al**so**, der **Bo**gen, der Tur**bo**, **re**den, **wie**gen, die Vor**schau**, **schau**en, der **Schau**er

2 die Beu le, die Re de, die Wa re, die Wie ge, wie so

3 a + b + c

Hem den knöp **fe** (4)	Strick jac ken **ka pu ze** (6)	Win ter man tel **kra** gen (6)
Klei der **ha** ken (4)	**Da** men **blu** sen **kra** gen **grö ße** (8)	**Pu** del müt zen bom mel (6)
Gür tel schnal **le** (4)	**Ho** sen bein **wei te** (5)	**Le** der arm band (4)
Som mer **blu** sen stof **fe** (6)	**Strei** fen mus ter (4)	**Sei** den **blu** sen mus ter (6)

d Strickjackenkapuze, Damenblusenkragengröße

Strategie Verlängern – Einsilber und unklare Auslaute

Seite 74

1 a das Schil**f**, das Wer**k**

b + c der Her**d**/die Her**d**e – der Zwer**g**/die Zwer**g**e – das Schil**d**/die Schil**d**er – das Hem**d**/die Hem**d**en –
das Gel**d**/die Gel**d**er – der Freun**d**/die Freun**d**e – die Bur**g**/die Bur**g**en

2 a das Prinzip, riskant, der Mantel

b + c der Vorstan**d**/die Vorstän**d**e – der Abfa**ll**/die Abfä**ll**e – der Gepar**d**/die Gepar**d**en –
der Beschlu**ss**/die Beschlü**ss**e – der Verban**d**/die Verbän**d**e – der Überfa**ll**/die Überfä**ll**e –
der Anfa**ll**/die Anfä**ll**e – der Bestan**d**/die Bestän**d**e – der Bezu**g**/die Bezü**g**e

3 z. B.: Die Freunde zogen die Hemden an, die sie beim Treffen des Verbandes auf der alten Burg tragen wollten.
●●●

Seite 75

1 Nomen: der Kamm, das Bild, der Held – Verben: kommt, klagt, nennt – Adjektive: still, wild, hell

2 … weil es nur Wörter aufzählt.
… weil man darin wie in einem Wörterbuch ganz verschiedene Wörter findet.

3 a + b Hieb – die Hiebe; komm – kommen; geh – gehen; Weh – wehen; Nord – der Norden; Süd – der Süden; froh – froher;
müd – müde; Flug – die Flüge; Ritt – die Ritte; Bitt – die Bitte; find – finden; Kind – die Kinder; Abend – die Abende;
Berg – die Berge; Fried – der Frieden; Lieb – die Liebe; Leid – das Leiden; Leib – die Leiber

Strategie Zerlegen – Zusammengesetzte Wörter

Seite 76

1 a Ebereschenfrüchte, Binsenginster, Frauenmantel, Trompetenbaum, Tannenwedel, Glockenblume, Engelstrompete,
Pfaffenhütchen

b + c die König**s** | kerze – denn: die Könige – die Ber**g** | gold | nessel – denn: die Berge und golden –
die Brenn | nessel – denn: brennen – der Zwer**g** | holunder – denn: die Zwerge – die Wal**d** | rebe – denn: die Wälder –
die Tau**b** | nessel – denn: tauber als – der Essi**g** | baum – denn: die Essige – der Pflück | salat – denn: pflücken

2

m/mm:	der Hemmschuh – denn hemmen	der Kamm	molch – denn: die Kämme
l/ll:	das Roll	feld – denn: rollen	der Knall	körper – denn: knallen
t/tt:	der Rot	fuchs – denn: roter als …	der Blatt	salat – denn: die Blätter
p/pp:	das Klapp	rad – denn: klappen	das Hup	konzert – denn: hupen
n/nn:	das Brenn	glas – denn: brennen	das Spann	laken – denn: spannen
k/ck:	das Hack	fleisch – denn: hacken	das Quak	konzert – denn: quaken

Seite 77

1 die Land schaft – denn: die Län der – die Feig heit – denn: fei ge –
die Herr schaft – denn: die Her ren – die Wild heit – denn: wil der als … –
die Bekannt heit – denn: ken nen – die Mann schaft – denn: Män ner –
die Gesund heit – denn: ge sün der als … – die Klug heit – denn: klü ger als …

2 *waagerecht:* täg|lich| – denn: die Tage – leb|haft| – denn: leben – vergeb|lich| – denn: vergeben
senkrecht: bild|lich| – denn: die Bilder – hand|lich| – denn: die Hände – gelb|lich| – denn: gelber als ... –
überheb|lich| – denn: überheben – taug|lich| – denn: taugen – blatt|los| – denn: die Blätter – neid|los| – denn: neiden –
rand|los| – denn: die Ränder – grund|los| – denn: die Gründe – erfolg|los| – denn: die Erfolge

3 Suffixe

4 a + b
   A verderb|lich| – denn: verderben – täg|lich| – denn: die Tage
   B farb|lich| – denn: die Farbe – gelb|lich| – denn: gelber als ...
   C rand|los| – denn: die Ränder – farb|los| – denn: die Farbe – neid|los| – denn: neiden
   D glück|los| – denn: glücken – erfolg|reich| – denn: die Erfolge
   E vergeb|lich| – denn: vergeben

Strategie Ableiten – *e* und *ä* sowie *eu* und *äu* unterscheiden

Seite 78

1

die Zähne – denn: der Zahn	die Wege – denn: kein verwandtes Wort	gefährlich – denn: die Gefahr
täglich – denn: die Tage	das Hähnchen – denn: der Hahn	stämmig – denn: der Stamm
flächig – denn: flach	die Zecke – denn: kein verwandtes Wort	die Nähmaschine – denn: die Naht
das Säckchen – denn: der Sack	die Glätte – denn: glatt	lecker – denn: kein verwandtes Wort
das Bellen – denn: kein verwandtes Wort	wählerisch – denn: die Wahl	zänkisch – denn: der Zank

2 abwägen, die Ähre, allmählich, ärgern, der Bär, gähnen, das Geländer, der Käfer, der Lärm, der März, der Säbel

Seite 79

1

das Mäuschen – denn: die Maus	die Reue – denn: kein verwandtes Wort	häuslich – denn: das Haus
das Gebäude – denn: der Bau	der Streuwagen denn: kein verwandtes Wort	die Bauernschläue – denn: schlau
käuflich – denn: kaufen	säumen – denn: der Saum	der Neumond – denn: kein ...
das Glockenläuten – denn: laut	geräuschlos – denn: rauschen	die Träumerei – denn: der Traum
räuberisch – denn: rauben	schäumen – denn: der Schaum	das Säugetier – denn: saugen

2 1 erläutern – 2 täuschen – 3 räuspern – 4 sträuben – 5 Säule – 6 Knäuel

Mit Strategien richtig abschreiben

Seite 80

2 a + b

Der Zwerg wohnt in einem Berg

Der Berg ist ein Zwerg | berg

Der Zwerg ist ein Berg | zwerg

Dem Berg | zwerg im Zwerg | berg

Gehört ein Zwerg | berg | werk

Das Zwerg | berg | werk des Berg | zwergs

Im Zwerg | berg ist ein

Zwerg | bergs-Berg | zwergs-Zwerg | berg | werk

Der Berg | zwerg im Zwerg | berg

Mit dem Zwerg | berg | werk ist ein

Zwerg | bergs-Zwerg | berg | werks-Berg | zwerg

Der Zwerg | bergs-Zwerg | berg | werks-Berg | zwerg

Mit dem Zwerg | bergs- Berg | zwergs-Zwerg | berg | werk

Sucht dringend eine einfache Zwergin

Im Wörterbuch nachschlagen

Seite 81

1 Auto, Banane, Delfin, Garten, Kakao, lecker, mager, Natter, Pferd, Trecker, trocken, Wecker, Yulyanna, Zitrone

2 Fach, Fachfrau, Fachleute, Fachmesse, Fachwerk, Fackel, Faden, fahren, Falke, Fantasy, faul, fein, fertig

3 Haarklammer, Hackentrick, Hackmesser, Hafenpolizei, Hagelkorn, Haifischflossen, Halbfinale, Halbjahr, Halteverbot, Handbremse

4 a + b (hier nach Duden, 24. Auflage):
●●●   Ba**a**l, Baal**b**ek, Baal**s**dienst — K**a**aba, K**a**bale, K**a**banossi — L**a**a, La**a**ch, La**a**s

Teste dich! Strategien anwenden

Seite 82

Bei den fettgedruckten Konsonanten musst du das Zeichen für Verlängerung setzen.

1
  A Das Kin**d** ma**g** gerne leckeren Kuchen. Es i**ss**t liebe**nd** gerne Süße**s**.   15 Punkte
  B Der Mon**d** hat an diesem Aben**d** einen Ran**d**, der he**ll** leuchtet.
  C Wenn die Nachtiga**ll** sin**g**t, ha**ll**t es weit ins Lan**d**.
  D Der Rabe klaut dem jungen Vogel schne**ll** die Beute und der gu**ck**t du**mm** hinterher.

2   a + b Wein | ber**g** | schnecke — die Ber**g**e; Ber**g** | wanderun**g** – die Ber**g**e, die Wanderun**g**en —   14 Punkte
     Han**d** | schuhe – die Hän**d**e — Wal**d** | we**g** – die Wäl**d**er, die We**g**e —
     Ba**ll** | spiele – die Bä**ll**e — Han**d** | bremse – die Hän**d**e

3 a + b   9 Punkte
  A Wegen der Straßenglätte (*glatt*) waren wir täglich (*der Tag*) unpünktlich.
  B Die Turmbläser (*blasen*), die allnächtlich (*die Nacht*) die Zeit angeben, gibt es nur noch selten.
  C Das Kind träumte (*der Traum*) und kämmte (*der Kamm*) dabei sein prächtiges (*die Pracht*) Haar.
  D Die Vögel verjagen die Räuber (*rauben*) ihrer Nester mit lautem Krächzen (*der Krach*).

4 Beagle, Boxer, Chihuahua, Collie, Dackel, Dobermann, Labrador, Mops, Pudel, Rottweiler, Spitz   11 Punkte

Insgesamt zu erreichende Punktzahl: 49 Punkte

Rechtschreibung verstehen – Regeln anwenden

Wie spricht man die erste Silbe?

Seite 83

1 a *Die offenen Silben sind unterstrichen.*
    die Hei zung — die Trep pe — das Fens ter — der Ka min — der O fen — der Gar ten

1
2 b + c

Erste Silbe offen	Erste Silbe geschlossen
die Heizung, der Kamin, der Ofen, die Kleider, die Täler, die Züge, die Mäuse, die Gräser	die Treppe, das Fenster, der Garten, die Hemden, die Strümpfe, die Röcke, die Knöpfe, die Ringe, die Stoffe, die Hände, die Berge, die Flüsse, die Plätze
Man spricht den Vokal *lang*.	Man spricht den Vokal *kurz*.

3 Die Mäuse haben sich unter der Treppe an der warmen Heizung ein Nest aus Gräsern, Stoffen und Knöpfen gebaut.

Doppelte Konsonanten – Achte auf die erste Silbe

Seite 84

1 a + b **erste Silbe offen:** der Pi rat, das Zei chen, das Ske lett, der Schä del, der Sü den
    erste Silbe geschlossen: die Skiz ze, der Zet tel, die Flag ge
  c **Regel:** Doppelte Konsonanten schreibt man nie, wenn die erste Silbe *offen* ist.

2 a + b **Erste Silbe offen**   **Erste Silbe geschlossen**

Erste Silbe offen	Erste Silbe geschlossen
wir bauen, wir meinen, wir freuen (uns), wir schreiben, wir träumen, wir glauben	wir passen, sie bellen, wir kommen, wir rollen, wir schaffen, wir füllen, wir nennen

3 Ball | spiele – denn: die Bäl le — Brems | spur – denn: brem sen — Brenn | eisen – denn: bren nen —
Hup | konzert – denn: hu pen — Wald | gebiete – denn: die Wäl der — Schwimm | meister – denn: schwim men —
Brand | ursache – denn: die Brän de — Süpp | chen – denn: die Sup pe

Zwei Konsonanten – Gleich oder verschieden?

Seite 85

1 a + b

Zwei gleiche Konsonanten	Zwei verschiedene Konsonanten
der Schlit ten, die Schif fe, die Rin ne, die Kam mer	die Schil der, die Schuf te, die Rin de, die Frem de

c **Regel:** Wenn die erste Silbe *geschlossen* ist, stehen an der Silbengrenze immer zwei *gleiche* oder zwei *verschiedene* Konsonanten.

2 a + b

Zwei gleiche Konsonanten	Zwei verschiedene Konsonanten
sie bellen, wir stellen, wir schwimmen, wir fallen	wir springen, wir rutschen, wir tanzen, wir schimpfen, wir lernen

4 Es geht um ein Gewürzkraut, das einer Frau die Suppe verdirbt.
Es geht darum, dass zwei Pflanzen ihre Blätter tauschen und eine Frau sie deshalb verwechselt.

5 – doppelte Konsonanten, z. B.: Kümmel, Ritter, Lümmel, Galle, bitter, Blätter, netter, Suppe, schnuppe
– erste Silbe offen, z. B.: schlau e, tau schen, je der, gu te, die ser
– verlängern muss man: stand, wird, riet, ganz, verdarb

i oder *ie?* – Achte auf die erste Silbe

Seite 86 + 87 + 88

1
2 a + b + c *(Die offenen Silben sind unterstrichen.)*

Wörter mit *ie*	Wörter mit *i*
der Rie se, die Wie se, die Spie le, der Spie gel, die Stie le wir liegen, wir schieben, wir gießen, wir frieren, wir schließen, wir spießen, wir zielen	die Rinder, die Winde, die Bilder, der Springer wir ringen, wir klingen, wir schimpfen, wir bringen, wir schwimmen, wir spritzen
Man schreibt *ie*, wenn die erste Silbe *offen* ist.	Man schreibt *i*, wenn die erste Silbe *geschlossen* ist.

3 z. B.: Als der Riese in den Spiegel blickt, ringt er um Fassung über sein eigenes Bild.

●●●

4 a Richterspruch, Wildhüter, Schildkröte, Niesanfall, Ziehharmonika, Tierschutzgesetz, Dienstausweis, Blitzableiter, Zielfernrohr, Giftstachel

b

Wörter mit *ie*	Wörter mit *i*
Nies	anfall – denn: nie sen	Richter	spruch – denn: rich ten
Zieh	harmonika – denn: zie hen	Wild	hüter – denn: wil der
Tier	schutzgesetz – denn: die Tie re	Blitz	ableiter – denn: blit zen
Dienst	ausweis – denn: die nen	Schild	kröte – denn: die Schil de
Ziel	fernrohr – denn: zie len	Gift	stachel – denn: die Gif te

5 A Sieben junge Wildziegen spielen auf der Wiese und überziehen die Täler mit dem Klingeln ihrer Glocken.
B Vierzehn kleine Schnirkelschnecken flüchten vor den feindlichen Angriffen und verziehen sich in ihre Gehäuse.
C Der Duft von Zimtschnecken und Bienenstich lässt mir das Wasser im Mund zusammenfließen und ich beiße gierig in den Kuchen hinein.
D Vierundvierzig klitzekleine Wieselkinder fliehen zielstrebig vor den lärmenden Menschenkindern und verziehen sich in den sicheren Bau.
E Der Honig der Bienen verlockt kleine niedliche Bärenkinder zum ziemlich gemeinen Diebstahl.

6 **Regel:** Man schreibt nur **ie**, wenn die *erste* Silbe *offen* ist, z. B.: die Zie le.
Diese Regel gilt nur für *zweisilbige deutsche Wörter*, nicht für Fremdwörter und *Drei- und Mehrsilber.*

7 b Es handelt sich nicht um zweisilbige deutsche Wörter.

8 a Brotbackmaschine, Bindemaschine, Legemaschine, Waschmaschine, Druckmaschine, Schälmaschine, Biegemaschine
b z. B.: Eine Schälmaschine braucht man zum Schälen von Spargel.
Als es noch keine Waschmaschinen gab, musste alles mit der Hand gewaschen werden.

Wörter mit *h* – Hören oder merken?

Seite 89

1 zieht zehn das Mahl mahlt zählt blüht sieht wählt früh zäh wohnt der Zahn weh

2 **Wörter mit *ah/äh*:** der Draht, ähnlich, allmählich, die Bahn, die Sahne
Wörter mit *eh*: lehren, die Ehre, dehnen, mehr, das Mehl
Wörter mit *oh/öh*: die Kohle, der Hohn, der Mohn, der Lohn, der Sohn
Wörter mit *uh/üh*: kühl, der Ruhm, die Uhr, die Bühne

3 a – d Merkwörter haben ein fett gedrucktes **h,** unterstrichen sind Wörter, bei denen man das **h** hört, wenn man verlängert.

1 Der Mohn blüht rot, und er blüht früh im Jahr.
2 Die Mühle hat Windflügel, die die Mühlsteine drehen, die das Korn mahlen.
3 Der Zahnarzt zieht den Zahn, weil er seit zehn Tagen schmerzt.
4 Der Fahrer des Wagens verlor die Kontrolle und fuhr in den Graben.
5 Der Züchter hält die Hühner in einem Stall, und sein Sohn holt die berühmten Frühstückseier.
6 Der Hahn kräht in der Frühe, und das lässt alle Dorfbewohner früh aufstehen.

s oder *ß?* – Summend oder zischend?

Seite 90

1 a + b **Wörter mit *s***	**Wörter mit *ß***
2	
die Rose, der Hase, das Wesen	draußen, außen, grüßen
die Preise, eisig, die Gläser, die Lose	die Sträuße / die Strauße, die Maße, die Stöße, heißer
Die erste Silbe ist offen. Den s-Laut spricht man summend.	Die erste Silbe ist offen. Den s-Laut spricht man zischend.

3 A **das Los:** die Los | trommel – der Los | verkäufer – der Los | kauf
B **der Stoß:** stoß | empfindlich – stoß | fest – die Stoß | richtung – der Stoß | dämpfer – der Ab | stoß
C **das Glas:** die Glas | flasche – die Glas | nudel – die Glas | tür – der Glas | maler – die Glas | bläser

4 z. B.: Die Glasflasche mit dem Blumenstrauß ist stoßempfindlich.
Die Großkatze, der Strauß und der Losverkäufer gehören zum Zirku**s.**

ss oder *ß?* – Achte auf die erste Silbe

Seite 91

1 a + b **Wörter mit *ß***	**Wörter mit *ss***
2	
die Maße, die Flöße, reißen	die Masse, die Flosse, die Risse
die Sträuße / Strauße, die Maße, die Füße, die Stöße, weißer	die Fässer, hassen, die Flüsse
Die erste Silbe ist offen. Den s-Laut spricht man zischend.	Die erste Silbe ist geschlossen. Den s-Laut spricht man zischend.

3 A **das Maß:** mäß|ig – die Maß | angabe – die Maß | einheit – das Maß | band
B **die Masse:** mass|ig – massen|haft – der Massen | bedarf
C **reißen:** der Reiß | wolf – die Reiß | zwecke – reiß | fest – der Reiß | verschluss
D **wissen:** wissens|wert – wiss | begierig – die Wissen|schaft

4 z. B.: Wenn die Maßangaben nicht passen, sind die Pläne für den Reißwolf.
Die Wissenschaft gewinnt noch immer massenhaft neue Erkenntnisse über den Urknall.

ss oder ß in einer Wortfamilie – Achte auf die erste Silbe

Seite 92

1

Nomen	Verb im Präsens	Verb im Präteritum	Verb im Perfekt
der Schuss – denn: die Schüsse	er schießt – denn: wir schießen	er schoss – denn: wir schossen	er hat geschossen
der Fluss – denn: die Flüsse	er fließt – denn: wir fließen	er floss – denn: wir flossen	er ist geflossen
das Schloss – denn: die Schlösser	er schließt – denn: wir schließen	er schloss – denn: wir schlossen	er hat geschlossen
der Riss – denn: die Risse	er reißt – denn: wir reißen	er riss – denn: wir rissen	er hat gerissen
der Genuss – denn: die Genüsse	er genießt – denn: wir genießen	er genoss – denn: wir genossen	er hat genossen
der Biss – denn: die Bisse	er beißt – denn: wir beißen	er biss – denn: wir bissen	er hat gebissen
der Schluss – denn: die Schlüsse	er schließt – denn: wir schließen	er schloss – denn: wir schlossen	er hat geschlossen

2 a + b

    A In der Hitze taucht man seine Füße am besten genussvoll ins Wasser.
    B Ein Maßband nutzt man, um die Länge von Gegenständen zu messen.
    C Im Chor muss es Bassstimmen geben, damit er gut klingt.
    D Ein Süßschnabel ist jemand, dem es gefällt, Süßes zu essen.
    E Bei der Fließgeschwindigkeit des Flusses misst man, wie weit das Wasser pro Sekunde fließt.
    F Das Gebiss des Raubtiers muss in Ordnung sein, damit es seine Beute reißen und beißen kann.

Teste dich! Regeln anwenden

Seite 93

1 (Die offenen Silben sind unterstrichen.)   28 Punkte
der Spei se wa gen – die Gü ter zü ge – die Lo ko mo ti ve – das Au to mo bil
die Teu fels kral le – der Frau en man tel – die Gloc ken blu me – die Klet ter ro se
An dre as – Jo han nes – Mar le ne – Han ne lo re

2 B und C sind falsche Aussagen.   2 Punkte

3 a (Die offenen Silben sind unterstrichen.)   12 Punkte
Ar gen ti ni en – Bra si li en – Tri ni dad – Ni ca ra gu a
Li li a ne – Fre de ri ke – Kris ti na – E li sa beth

    b Es handelt sich nicht um zweisilbige Wörter.   1 Punkt

4

Wörter mit s (der Besen)	Wörter mit ss (besser)	Wörter mit ß (größer)	9 Punkte
das Eis – denn: eisig	der Fluss – denn: die Flüsse	heiß – denn: heißer	
das Gleis – denn: die Gleise	der Biss – denn: die Bisse	süß – denn: süßer	
das Gras – denn: die Gräser	blass – denn: blasser	das Maß – denn: die Maße	

5 die Fleiß | arbeit – fleißig – der Heiß | luftofen – heißer – die Bass | gitarre – die Bässe   9 Punkte
die Eis | sorten – die Eise – der Schloss | park – die Schlösser – der Nuss | knacker – die Nüsse
der Weiß | dorn – weißer – der Schluss | punkt – die Schlüsse – der Glas | tisch – die Gläser

Insgesamt zu erreichende Punktzahl: 61 Punkte

Groß- und Kleinschreibung

Seite 94

1 a A Agnes, Mann, Alphonse, Alabama, Aprikosen – B Berta, Mann, Bernhard, Bermudas, Bälle
    b Der jeweils erste Vers enthält einen Namen. Der zweite Vers führt je einen Partnernamen an und der dritte jeweils einen
       geografischen Ort. Im jeweils letzten Vers wird ein Mitbringsel genannt. Alle diese Wörter haben pro Strophe jeweils den
       gleichen Anfangsbuchstaben.
    c z. B.: N, ich heiße Nilpferd // und mein Mann heißt Nashorn. // Wir kommen aus Neuseeland // und bringen Nullen mit.

2 z. B.: P, ich heiße Paula // und mein Mann heißt Peter. // Wir kommen aus Peru // und bringen Perlen mit.

Nomen erkennen – Luftschiffe (Teil 1)

Seite 95

1 Nein, Hindenburg hieß eines der berühmtesten Luftschiffe, es wurde später gebaut.

2 (Die **Nomen** sind fett hervorgehoben. Die *Adjektive* sind kursiv gedruckt.)

3 1 Das erste **Luftschiff** wurde 1784 gebaut, als **Jean-Pierre Blanchard** einen **Ballon** mit einer *neuen* **Luftschraube** ausrüstete, die mit der **Hand** betrieben wurde.
2 Das erste *richtige* **Luftschiff** wurde 1852 von dem **Erfinder Henri Giffard** gebaut. Es wurde mit **Dampf** betrieben.
3 Ein **Luftschiff** gilt als **Schiff,** nicht als **Flugzeug,** weswegen man mit einem **Luftschiff** eigentlich auch nicht fliegt, sondern fährt.
4 Eines der *berühmtesten* **Luftschiffe** war die **Hindenburg.** Sie war so etwas wie ein *großes* **Hotel,** das fliegt. 1937 fing sie **Feuer** und explodierte.
5 Im **Weltkrieg** begleiteten **Luftschiffe** ungefähr 89 000 **Schiffsverbände** mit **Lebensmitteln** und vielen *notwendigen* **Dingen.** Keines der **Schiffe** wurde je durch **Angriffe** versenkt.
6 Die **Luftschiffe** trieben über *feindlichen* **U-Booten** dahin und bombardierten sie. Sie waren großartig, weil sie sehr langsam waren und nicht vom **Radar** entdeckt werden konnten.
7 **Luftschiffe** taugen nicht besonders zum **Angriff.** Sie eignen sich *besser* zur **Verteidigung.**
8 Ein **Skyship** 600 (mit dem ich gefahren bin) ist 61 **Meter** *lang* und 20,3 **Meter** *hoch.* Es hat einen **Durchmesser** von 19,2 **Metern** und ein **Volumen** von 7188 **Kubikmetern.**

4 z. B.: Flugzeug – das Flugzeug – Dampf – der Dampf – Luftschiffe – einige Luftschiffe

Nomen erkennen – Luftschiffe (Teil 2)

Seite 96

1 Die dichte Bebauung in Städten macht es den Luftschiffen unmöglich, an Hochhäusern zu ankern.

2 a + b Die **Nomen** sind fett hervorgehoben. Die *Adjektive* sind kursiv gedruckt.

Informationen über **Luftschiffe**

Heute werden die **Luftschiffe** vor allem für die **Werbung** eingesetzt. Aber bis in die ersten **Jahrzehnte** des 20. **Jahrhunderts** waren die *großen* **Luftschiffe** die **Pioniere** des **Luftverkehrs.** Mit ihnen konnte man den **Atlantik** überqueren und ohne **Zwischenstopp** nach **Amerika** kommen. Zwar waren sie mit **Höchstgeschwindigkeiten** von 100 bis 150 km/h *langsam,* aber dafür konnten sie fast überall landen. Dazu brauchten sie nur einen **Ankermast** auf einem *freien* **Feld** und nicht wie die **Flugzeuge** *große* **Flughäfen.**
In den **1920er-** und **1930er-Jahren** wurden in vielen **Gebieten** und **Städten** *hohe* **Luftschiffmasten** errichtet. Es gab sogar die **Idee, Luftschiffe** an **Wolkenkratzern** anlegen zu lassen. So sollte die **Spitze** des 1931 eröffneten **Empire State Buildings** als **Ankermast** dienen und im 86. **Stockwerk** sollten die **Passagiere** abgefertigt werden. Dabei hatte man vergessen, dass die *dichte* **Bebauung** mit *hohen* **Häusern Wind** erzeugt, der es den **Luftschiffen** unmöglich machte, in dieser **Höhe** anzulegen. Man hätte **Wasser** als **Ballast** abwerfen müssen, um besser manövrieren zu können. Aber das wäre dann in den **Straßenschluchten** gelandet. Jedenfalls hat nie ein **Luftschiff** an einem **Wolkenkratzer** von **New York** angelegt.

c Z.1: Werbung, Z.5: Zwischenstopp, Z.6: Höchstgeschwindigkeiten, Z.11: Jahren, Z.18: Wind

3 a August, Luftschiff, Länge, Kunststück, Geschichte, Technik, Hochmast, Boden, Wind, Ankermast, Windstoß, Heck, Luftschicht, Auftrieb, Gases, Luftschiff, Heck, Höhe, Mannschaft, Gewicht, Luftschiff, Höhe, Vorfall, Konzept, Hochmasten, Konstruktionen, Ankermasten, Autos, Schiffen, Bedarf
b z. B.: ein großes Luftschiff (Adjektivprobe), eine erfolgreiche Mannschaft (Adjektivprobe), der Hochmast (Artikelprobe), das Gas (Artikelprobe), zwei Windstöße (Zählprobe)

Typische Nomenendungen beachten

Seite 97

1

Wörter mit -*heit*	Wörter mit -*keit*	Wörter mit -*nis*
die Fremdheit, die Blindheit, die Gesundheit	die Farbigkeit, die Müdigkeit, die Fähigkeit, die Gelenkigkeit	das Ergebnis, das Erlebnis, das Bedürfnis, das Ereignis

Wörter mit -*schaft*	Wörter mit -*tum*	Wörter mit -*ung*
die Eigenschaft, die Gefangenschaft, die Freundschaft, die Brüderschaft	der Reichtum, das Eigentum, das Wachstum	die Achtung, die Wartung, die Beobachtung

2 Ort/Tätigkeit	männliche Form	weibliche Form
die Bäckerei	der Bäcker	die Bäckerin
die Schusterei	der Schuster	die Schusterin
die Schreinerei	der Schreiner	die Schreinerin
die Fischerei	der Fischer	die Fischerin
die Jägerei	der Jäger	die Jägerin
die Meisterei	der Meister	die Meisterin
die Reiterei	der Reiter	die Reiterin
die Fliegerei	der Flieger	die Fliegerin

Aus Verben und Adjektiven Nomen bilden

Seite 98

1 z. B.: **nominalisierte Verben:** das Wagnis, die Darstellung, die Übung, das Verzeichnis, die Leidenschaft, die Erbschaft
nominalisierte Adjektive: die Freiheit, die Pünktlichkeit, die Dunkelheit, die Krankheit, die Tapferkeit, die Bereitschaft

2 B ... Diese *Abfertigung* dauert nicht lange.
C ... Das Kind ertrug seine Schmerzen mit großer *Tapferkeit*. Nach der *Behandlung* bekam es eine *Belohnung*.
D ... In der *Dunkelheit* fürchte ich mich.
E ... aber der *Reichtum* allein ist nicht schön.

3 die Schönheit, die Pünktlichkeit, die Frechheit, das Erlebnis, die Vergebung, die Dunkelheit, die Dummheit,
die Wildheit / die Wildnis

Rechtschreibung trainieren: Eigendiktat

Seite 99

1 Wichtig ist bei einem Diktat die genaue Kontrolle des geschriebenen Textes anhand der Vorlage.

2 Mögliche Unterteilung in Sinnabschnitte:
Die armen Kinder hatten nun keinen Ort mehr, | wo sie etwas Schönes spielen konnten. | Dann kam der Frühling, | nur im Garten des Riesen war immer noch Winter. | Man hörte dort keine Vögel zwitschern | und man sah nichts Blühendes, | weil keine Kinder mehr da waren. | Die Natur hatte sich zum Schlafen zurückgezogen. | „Ich kann nicht verstehen, | was hier Merkwürdiges passiert ist", | beklagte sich der Riese, | als er seinen kalten und weißen Garten erblickte. | Eines Morgens hörte der Riese etwas Herrliches. | Er hatte ganz vergessen, | wie schön das Singen eines Vogels | in seinen Ohren klingen konnte! | „Ich glaube, nun kommt der Frühling doch noch!", | rief der Riese erfreut, | sprang aus seinem Bett | und guckte nach draußen. | Und was sah er da? | Die Kinder waren durch ein kleines Loch in der Mauer | in den Garten gekrochen | und saßen nun auf den Zweigen der Bäume, | die vor lauter Freude wieder blühten. | Der Riese konnte endlich das Erwachen der Natur beobachten | und bemerkte reumütig: | „Ich werde sofort mit dem Niederreißen der Mauer beginnen."

Teste dich! Groß- oder Kleinschreibung?

Seite 100

1 a + b Großgeschrieben werden: die Butter, die Bestellung, die Schnelligkeit, die Hummel, der Himmel,
    die Winzigkeit, die Zeitung, die Kleidung, die Vergesslichkeit   9 Punkte

2 das Erlebnis, die Ordnung, die Offenheit, die Freundlichkeit, der Reichtum, die Bereitschaft   6 Punkte

3 a + b der Traum, vom (von dem) Fliegen, die Menschheit, (die) Luftschiffe, dem Traum, vom (von dem) Fliegen,   28 Punkte
    im (in dem) April, dem Bau, eines Zeppelins, 2. (zweiten) Juli, das Luftschiff, ersten Mal, die Luft, 18 Minuten,
    eigentlichen Durchbruch, der Zeppelin-Luftschiffe, große „Zeppelin-Katastrophe", das Luftschiff,
    4. und 5. August, 24 Stunden, seine Fahrtüchtigkeit, am (an dem) Boden, ein Unwetter, der Graf, 6 Millionen,
    (die) Mark, (die) Spenden, die Luftschiffidee

Insgesamt zu erreichende Punktzahl: 43 Punkte

Zeichensetzung

Das Komma bei Aufzählungen
Seite 101

1 Drei Wochen lang verbrachte ein Kater in einem großen Container ohne Futter, ohne Wasser, sogar ohne frische Luft. Mit seinen neun Monaten sehr jugendlich, aufgeweckt, niedlich, zutraulich – so wird Arthur beschrieben. Er wirkt wohl nicht besonders kräftig, schön oder sonst in irgendeiner Weise auffällig. Er war in Pompano Beach in Florida zu Hause, wo er gern die Nachbarkatze Emily besuchte, mit ihr spielte und manchmal auch gern einen kleinen Ausflug mit ihr machte.

2 Als der Besitzer von Emily seinen Umzug in das 4 000 Kilometer entfernte Phoenix plante, zweifelte er keinen Augenblick daran, dass er seine sowohl geliebte als auch wertvolle Katze mitnehmen würde. Sehr zum Leidwesen von Arthur, der die sichtbaren und hörbaren Anzeichen des Umzugs sogleich bemerkte. In einem unbeaufsichtigten Moment muss der Kater entweder in einen Umzugskarton oder gleich in den Container geklettert sein. Drei Wochen lang hörte man weder sein klägliches Miauen noch sein verzweifeltes Kratzen. Doch dann wurde endlich ein Lagerarbeiter hellhörig und öffnete unter Videoaufsicht den Container: Heraus kam ein abgemagerter, ausgetrockneter sowie sichtlich geschwächter Kater.

3 Arthurs Besitzer Carl wurde schnell ausfindig gemacht und telefonisch benachrichtigt. Er hatte Arthur eigentlich schon aufgegeben und spielte mit dem Gedanken, einen Hund, ein Hängebauchschwein oder gar ein Pferd anzuschaffen, weil es keinen zweiten Kater wie Arthur gebe, der so liebevoll, schlau und auch noch anhänglich sei. Nun plant er eine große Wiedersehensparty mit Katzenleckerli, frischem Fleisch, Knabberstängli, aber auch Spritzigem und sowohl Süßem als auch Saurem für die zweibeinigen Gäste.

Stärken stärken: Das Komma bei der Satzreihe
Seite 102

1 Romeo saß bewegungslos (...) unter dem Tisch, seine feinen Schnurrhaare zitterten kaum merklich. „Wo ist der Füller, kannst du ihn finden?", fragte Dags eindringlich. Die schwarzen Knopfaugen der Ratte blitzten(,) und ihre unruhigen Pfoten wirbelten winzige Staubpartikel auf. Dags hatte den Füller (...) versteckt, doch Romeo hatte bereits zwei erfolglose Anläufe zum Durchqueren des Irrgartens unternommen. Einen dritten Versuch wollte er offensichtlich nicht starten, denn er kratzte sich ausgiebig hinter den Ohren.

2 Dags Vater hatte Romeo aus dem Labor mitgebracht, denn er wollte der Ratte das Schicksal als Versuchstier ersparen. – Romeo war kaum sechs Wochen alt(,) und Dags mochte das kleine, schwarz-weiß gefleckte Knäuel gleich. – Ihre Zuneigung war zum Ausgangspunkt vieler Experimente geworden, doch/aber bisher hatte leider keines Erfolg.

3 Mögliche Satzreihen: Ratten sind sehr intelligente und geschickte Tiere(,) und man sollte jeden Tag mehrmals ein paar Minuten mit ihnen spielen. – Man kann mit ihnen Kunststücke üben, sie können zum Beispiel auf den Hinterbeinen stehen. – Man kann auch einen Hindernisparcours bauen, denn die Tiere können gut springen und klettern.

Stärken stärken: Das Komma im Satzgefüge
Seite 103

1 1 Was macht man als Papagei, wenn man nach einem unerlaubten Ausflug nicht mehr nach Hause findet? –
2 Wenn man einer Person seines Vertrauens seine Adresse verrät, kann diese Person helfen. –
3 In der Nähe von Tokio brachte die Polizei einen Afrikanischen Graupapagei, den sie auf einem fremden Grundstück fand, auf die Polizeiwache.

2 4 Nach einer Nacht, in der er völlig sprachlos war, brachten die Beamten den verstörten Vogel in eine Tierklinik. –
5 Obwohl sie durchaus freundlich zu dem Tier waren, beachtete es niemanden. –
6 Vielleicht sprach der Papagei nicht mit den Beamten, weil sie eine für Papageienaugen unschöne Uniform trugen.

3 a Außer Satz F sind alle Sätze Satzgefüge.
b + c Konjunktionen, **Relativpronomen**, Personalform des Verbs
   A Als der entflogene Papagei in die Tierklinik kam, änderte sich sein Verhalten vollkommen.
   B Der Vogel, **der** bislang ziemlich unbewegt schien, hatte nun offensichtlich großes Interesse an seiner Umgebung.
   C Wenn jemand den Raum betrat, begrüßte er diesen besonders freundlich.
   D Ansonsten plapperte er jedoch unaufhörlich belangloses Zeug, das in keiner Weise weiterhalf.
   E Als ein Tierwärter dem Vogel jedoch etwas genauer zuhörte, sprach dieser die entscheidenden Worte.
   G Dort fand die Polizei dann tatsächlich die Besitzer, **die** ihren Papagei überglücklich in Empfang nahmen.
d F Er sagte: „Ich heiße Yosuke Nakamura(,) und ich wohne in Chiba."

Zeichensetzung bei der wörtlichen Rede

Seite 104

1 a + b (...) „Mein Sohn", sagte die erste, „ist so geschickt, dass er alle anderen hinter sich lässt ..." „Mein Sohn", sagte die zweite, „singt so schön wie die Nachtigall! Keiner hat eine so schöne Stimme!" „Und warum lobst du deinen Sohn nicht?", fragte sie die dritte, als diese schwieg. „Ich habe nichts, wofür ich ihn loben könnte", entgegnete sie. „Mein Sohn hat eigentlich nichts Besonderes an sich. Aber ich liebe ihn dennoch." (...)
Und die Frauen riefen: „Welch ein geschickter Junge!" (...) Der dritte Knabe lief zu seiner Mutter und meinte: „Ich nehme dir die Eimer ab!" Und er trug sie heim ...
Da fragten die Frauen den Greis: „Was sagst du zu unseren Söhnen?"
„Wo sind eure Söhne?", fragte der Greis verwundert. „Ich sehe nur einen einzigen Sohn!"

2 a + b Beispiellösung: „Meine Mutter ist stolz auf mich, weil ich so toll Rad schlagen kann", verkündete der erste Sohn.
„Und meine erst", entgegnete der zweite, „immer muss sie vor anderen mit meiner Stimme prahlen!"
Der dritte aber meinte nur ganz ruhig: „Meine Mutter hat noch nie mit mir geprahlt. Aber ich weiß, dass sie mich liebt."

Teste dich! Zeichensetzung

Seite 105

1 In dem kleinen Museum gab es erstaunlich viel zu sehen: alte Trachten, Waffen aus der Wikingerzeit, ausgestopfte Seevögel und eine echte Kapitänskajüte. Besonders die Ausstellungsstücke aus der Zeit, zu der fast die ganze Insel vom Walfang gelebt hatte, nämlich Harpunen, Speckmesser und riesige Gemälde, betrachteten die meisten aus der Klasse mit leichtem Grausen. Im Übrigen entdeckte jeder etwas, das ihn besonders fesselte. Melanie blieb lange vor den alten Schmuckstücken, Hüten und Festtagstrachten stehen. — 4 Punkte

2 Mirjam hatte niemanden auf der Welt, doch sie lebte zufrieden und glücklich. (SR) — 14 Punkte
Sie steckte die Lockenwickler in die Zuckerdose (,) und die Stecknadeln stach sie in den Käse. (SR)
Die Zervelatwurst legte sie nicht in den Schrank, weil sie die Würste lieber an einer Schnur über ihr Bett hängte. (SG)
Das Geschirr stapelte sie in der Badewanne, während die Bratpfanne unter dem Sessel landete. (SG)
Eines Tages lernte Mirjam Frieder kennen, aber er war ein ganz ordentlicher Mensch. (SR)
„Du musst dich ändern!", sagte Frieder (,) und er räumte auf. (SR)
Schließlich schickte Mirjam Frieder weg, weil sie nichts mehr fand. (SG)

3 „Das ist doch kaum zu glauben", schimpfe die Mutter ärgerlich, „gerade habe ich drei Schnitzel paniert, und jetzt sind sie weg!" Verblüfft fragte Miriam: „Hast du sie vielleicht in den Kühlschrank gelegt?" „Nein!", erwiderte ihre Mutter, „ich bin nur kurz zum Telefonieren gegangen." „Aha, kurz", meinte der Vater. Da wurde er durch ein seltsames Geräusch aus der Zimmerecke unterbrochen. Juppi, der Boxer, hatte gerülpst. „Alles klar", seufzte Mutter, „heute gibt es Pizza." — 24 Punkte

Insgesamt zu erreichende Punktzahl: — 42 Punkte

Übungen für den Lernstandstest

A Den Text verstehen — 13 Punkte

Seite 107

Aufgabe 1 — 4 Punkte
a Es gibt in Argentinien einen Ärztezug, weil ...
  D ... es in Orten wie Tapso keinen Kinderarzt gibt. — F ... es Krankenhäuser meist nur in den Städten gibt.
b Beispiellösungen: Der Ärztezug ist bei den Kindern so beliebt, weil ...
  A ... es in Tapso keinen Kinderarzt gibt. — B ... im Zug ein Zahnarzt mitfährt.

Aufgabe 2 — 5 Punkte
Die Zusammenfassungen der Textabschnitte in der richtigen Reihenfolge:
1 Der Ärztezug kommt wieder in Tapso an. — 2 Die Ärzte des Zuges haben Ayelen das Leben gerettet. —
3 Die Idee des Ärztezugs hatte ein Kinderchirurg aus Buenos Aires. — 4 Die Fahrt nach Tapso kann ein Abenteuer sein. —
5 Besonders beliebt ist der Besuch beim Zahnarzt.

Aufgabe 3 — 4 Punkte
B siebenmal → achtmal — C heilen → entdecken — D Feldbetten → Stockbetten — E Halsweh → Zahnweh

B Schreiben   10 Punkte
Seite 108

Aufgabe 4   3 Punkte
Beispiellösungen:
Alisa: sehr hilfreich/sehr gut – Jan: sehr abenteuerlich/sehr aufregend. – Murat: beliebt/geschätzt

Aufgabe 5   4 Punkte
Richtig sind: grenzt an – liegt am – nur etwa halb so viele – sprechen.

Aufgabe 6   3 Punkte
A menschliches Organ – B ausgemustert – C Raum für chemische Untersuchungen

C Rechtschreibung und Zeichensetzung   22 Punkte
Seite 109

Aufgabe 7   5 Punkte
s: 2 – **ß:** 1, 5 – **ss:** 3, 4

Aufgabe 8   2 Punkte
Zu streichen sind: behalten – beheizen.

Aufgabe 9   7 Punkte
~~nähmlich~~ → nämlich – ~~Untersuchunk~~ → Untersuchung – ~~Untersuchungsergepnisse~~ → Untersuchungsergebnisse –
~~Medizieners~~ → Mediziners – ~~giebt~~ → gibt – ~~Tableten~~ → Tabletten – ~~nemen~~ → nehmen

Seite 110

Aufgabe 10   5 Punkte
Liebe Ärzte des Ärztezugs,
wir freuen uns immer, wenn Sie zu uns nach Tapso kommen.
Ohne Sie wären wir viel häufiger, länger und schwerer krank. Außerdem ist es schön, dass wir im Zug zum
Zahnarzt gehen können. Vor dem Schlafengehen werden wir bestimmt keine Cola und keine Limonade
mehr trinken, weil diese süßen Getränke für die Zähne und überhaupt sehr ungesund sind. (...)

Aufgabe 11   3 Punkte
Beachte: Bei dieser Aufgabe musst du für jeden Fehler einen Punkt von der Gesamtpunktzahl abziehen!
Die Kinder basteln zum Abschied Blumen aus Krepppapier und Draht.

D Grammatik   15 Punkte

Aufgabe 12   4 Punkte
Richtig sind: den – ihren – das Füllmaterial – des Ärztezugs

Aufgabe 13   3 Punkte
a Nicht um einen Hauptsatz handelt es sich bei den Textauszügen:
   B ..., wo es keine Ärzte gab – E ..., wenn der Zug kommt.
b Richtig ist die Unterteilung nach Satzgliedern in Satz B.

Seite 111

Aufgabe 14   4 Punkte
Sie – es – die/welche – sie/diese

Aufgabe 15   2 Punkte
Zutreffend sind:
D Der Satz enthält einen eingeschobenen Relativsatz. – F Bei dem Satz handelt es sich um ein Satzgefüge.

Aufgabe 16   2 Punkte
Durchzustreichen sind: A werden entdecken, entdecken – B wird, worden ist.

Insgesamt zu erreichende Punktzahl: 60 Punkte